Literary Heimat

German and Austrian Jewish Writings after the Shoah

Literary Heimat

German and Austrian Jewish Writings after the Shoah

an Anthology

Sonat Hart
BALTIMORE HEBREW UNIVERSITY

Barbara S. Jurasek
EARLHAM COLLEGE

A *focus* GERMAN READER

Die Rückkehr

(nach 1950)

War ich denn jemals fort?
War es denn jemals anders?
Nichts
was ich nicht wüßte
und nichts
wessen sich Sehnsucht und Angst, wessen sich
$\qquad\qquad\qquad\qquad$ Herz und Blick
nicht schon versehen hätten, eh daß ich kam.
Kam ich denn überhaupt?
Einen irren Atemzug lang
stehen die Kreise still,
bröckelt und bricht
aus ihrem Ablauf die Zeit.
Lautlos
schlägt über mir Erstarrtem das Firmament zusammen.
Und jetzt erst,
jetzt, da die Zeit sich wieder in eins fügt,
da dem Ablauf ich eingefügt bin,
löst sich die Starre,
löst sich der Schritt.
Aber wo ich auch gehe,
flattern die dunklen Gewänder der Toten um mich.

$\qquad\qquad\qquad\qquad\qquad$ —Friedrich Torberg

Acknowledgements

The authors would like to thank all those who have supported our work concerning Austrian and German Jewish literature and culture, including the Thomas J. Watson Foundation and the Earlham College Ford/Knight Grant Foundation. Special thanks are owed to the students who participated in the Contemporary German Jewish Writers course at Earlham College who field tested much of the material appearing in this volume, especially Emily Jenkins for making a list of desired vocabulary words and glosses. We are also grateful for the personal contact we have had with some of the authors included in this volume: Katja Behrens, Edgar Hilsenrath, Ronith Neumann, Doron Rabinovici, and Robert Schindel. Appreciation is due to Ron Pullins of Focus Publishing, our publisher and editor, and of course, our families who provide an unending source of encouragement. We also extend our gratitude to Professor Dagmar C. G. Lorenz (University of Illinois, Chicago) for reviewing the manuscript.

Contents

Vorwort

This anthology is designed to meet the needs of teachers and students engaged in the university level study of contemporary German and Austrian Jewish literature. The selected texts introduce students to some of the most prominent German and Austrian Jewish writers, while addressing the historical and cultural elements that inform their work. Courses for which this anthology is appropriate might include those on post-Shoah German and Austrian Jewish literature and culture, in addition to content and theme–based upper-level German language classes. This collection may serve as the primary material or as a supplement to a more broadly focused syllabus, such as a course on minority writing in Germany and Austria, including the work of Afro-Germans, Turkish and Ethnic Germans from Eastern Europe.

The material in this volume has not been chosen based on reading difficulty, but rather in accordance with our desire to weave together a spectrum of perspectives, which serve to elucidate the complexities of a German and Austrian Jewish identity, particularly after the Shoah. The underlying assumption of the editors is that many students and instructors know little about the topics addressed. With this in mind, we have organized this book so as to facilitate a broad understanding of the texts.

Organization and Usage

A number of steps have been taken to make the overall text a point of departure for a thoughtful reading of the material, and for an examination of the issues evoked regardless of prior knowledge of German and Austrian Jewish literature or Jewish studies in general.

Einleitung

The anthology opens with a brief overview of those facts and figures, historical and cultural events that, in one way or another, are alluded to by the authors of the selected texts and therefore are relevant. It is by no means meant to be an exhaustive treatment of all the issues pertaining to Jews living in Germany

1

and Austria today. Instead, a selected bibliography refers the interested reader to pertinent works offering deeper insights, commentaries and/or analyses.

Theme as Organizing Principle

The texts have been organized into three sections entitled: **I. Bleibende Erinnerung, II. Wiedergewonnene Heimat?** and **III. Ererbte Erinnerung**. Each section begins with an opening essay, which presents a theme, biographical information about the writers, as well as cultural and/or historical insights relevant to an erudite understanding of the material. Although the texts are presented in this manner, they can all stand alone, affording instructors the ability to make selections relevant to a particular syllabus.

At the end of each section, an **Auswahlliteratur** lists other works relevant to the featured writers, suggests material of interest for further study of a particular theme, or the social, religious, historical and cultural questions raised by the authors, including those pertaining to the former GDR, Yiddish literature, Israel, and Russian emigration to Germany. The selected bibliographies may also be used as a foundation for research papers or presentations.

Anregungen

Each literary work is preceded by three questions intended to encourage the readers' interaction with the text and to discover its meaning and significance. Although these questions serve as advance organizers and facilitate the 'while reading' process, they might also be used as a springboard for discussion and interpretive writing assignments.

Wortschatz

Students in literature classes prefer using authentic texts rather than edited versions. Therefore the material in this volume is in its original format. At the same time, unfamiliar vocabulary is one of the greatest stumbling blocks to fluent reading. Nevertheless, constant paging to the back of the book where a selected vocabulary list might be found causes student readers to expect that all words unknown to them will be listed. To that end, the following measures have been taken:

- Glosses explaining terminology unlikely to be found in a dictionary (references to historical events, places, cultural concepts) are found at the bottom of the page on which they occur.
- A **Wortschatz** box, composed of a selected list of lexical items essential to the understanding of a specific text, is found at the end of that text. These words are in translation and arranged in alphabetical order rather than in order of appearance in the text. It is recommended that less fluent readers first peruse the list before they read so as to know what to expect in terms of vocabulary aid.

Traditionen

Einleitung *introduction*

This volume attempts to present examples of Austrian and German Jewish literature relevant to some of the most important themes concerning Jewish writers after the war. The book has been organized loosely into three sections to emphasize certain aspects of the writers' works that correspond to different traditions in Jewish literary or cultural history. For instance, the first section begins with the essay, "Bleibende Erinnerung," which suggests that the writers who returned to Austria or Germany after the war, or survived the Shoah[1], used their literature in part as a way to remember the world irrevocably changed by the Nazis. In many ways, this first section is similar to the last, which begins with the essay, "Ererbte Erinnerung" for while the first exhibits the work of writers trying to confront the past as contemporaries of it, the last examines how the Shoah continues to affect the minds of young Jewish writers, who were mainly born after the war. Theirs is an 'ererbte Erinnerung,' one that often reveals itself more graphically and provocatively than that of writers who chose to remain in or return to Austria or Germany after the war. The second section, beginning with the essay, "Wiedergewonnene Heimat?" addresses one of the most complex issues facing Austrian and German Jews, that of identity and the notion of *Heimat*.

Not all of Austria's and Germany's noteworthy Jewish writers are represented in this volume (Rafael Seligmann being one such exclusion) due to our commitment to provide complete texts, rather than excerpts of novels.

---

1   The term 'Holocaust', from the Greek *holos* meaning whole and *kaustos* meaning burnt, seems an inappropriate way to refer to what happened to the Jews for it alludes to genocide as a kind of 'burnt offering.' Furthermore, its more recent (permissive) usage is neither confined to what happened to the Jews nor able to express the kind of destruction that took place to the Jewish world. A different term is needed to express the uniqueness of what happened to the Jews at the hands of the Nazis in front of an apathetic world. The Hebrew word *Shoah* serves this purpose, for it is specific to the Jewish experience during the war. In Hebrew it means "storm of devastation," "destruction," "catastrophe."

3

Nevertheless, this volume serves as an important introduction to the field of Austrian and German Jewish literature after the Shoah, while imparting a variety of perspectives concerning the key issues affecting Jews in these countries today. In order to fully appreciate this material and its prevalent themes, it is important to know the historical dimensions that preceded them. What follows is a brief overview of some facts and figures, key events, and turning points in the post-war history of Jews in Germany and Austria.

The Years 1933-1950

In 1933, the year Hitler came to power, Jews made up less than one percent of the German population at just over 500,000. Between 1933-1945 around 270,000 were able to emigrate; more than 200,000 were deported to ghettos and concentration camps, where around 165,000 were murdered by the Nazis during the Shoah. About 15,000 survived outside the concentration camps either in hiding or by way of mixed marriages. They were joined by about 250,000 Jewish DPs (Displaced Persons) from Eastern European countries who found themselves in the Western Zone for a variety of reasons. During the final months, some were liberated from the concentration camps by the Allies; others were freed by the Red Army in Eastern Europe, primarily in Poland, and were forced to flee to the West owing to the post-war political situation. Stories of what happened to Jews attempting to go back to their former homelands dissuaded many from returning, such as the one of 50 Jewish survivors from the town of Kielce (Poland), who were murdered without any protest from the clergy or town leaders.

It was in the DP camps that post-war German and Austrian Jewish life began to emerge. Largely supported by members of the Haganah, Bricha, and other Jewish organizations from Palestine and America, Jewish DPs took part in vocational training, cultural and religious activities, publishing Yiddish language newspapers, and participating in exercises intended to prepare them for what was often 'clandestine' emigration to Palestine.

With the founding of Israel in 1948 and the Displaced Persons Act of the United States in June of that year, nothing lay in the way of emigration. By 1950, two thirds of the Jewish DPs moved to the young state of Israel, many emigrated to the United States and other countries, and around 20,000 chose to remain in Germany. It was also at this time that the allies granted permission to returning German Jews to reestablish their communities, 47 in the American and British zone and eight in the Soviet zone. However, it was assumed that these were communities in transit, and that most would eventually emigrate, or die out, leaving only a few, in small, almost invisible, numbers. Germany was considered a *Wartesaal*, a way station, not a place for a revival of Jewish life and culture. Indeed, the World Jewish Congress considered the newly established Jewish communities and organizations to be only provisional foundations, and called for the emigration of all Jews from Germany as soon as it could be arranged. The land of the murderers could not, and should not, be a place called home again.

Still, on July 19, 1950 representatives of the Jewish communities founded the *Zentralrat der Juden* in Deutschland, which has been the political and religious umbrella group for the Jewish community organizations ever since, giving a sign to the world that there were Jews in Germany who expected to stay there.

The *Wiedergutmachung* and the Cold War Years

The FRG and GDR

In 1949, two separate German states were established: the Bundesrepublik Deutschland (BRD) and the Deutsche Demokratische Republik (DDR). Both the Federal Republic of Germany (FRG) in the West and German Democratic Republic (GDR) in the East were faced with the gargantuan task of rebuilding their crushed cities and developing post-war identities. In each state, this was accomplished not by confronting the past, but to a great extent by suppressing it. Hence, many German Jewish writers reflect on the *Schweigen*, the silence they experienced growing up after the war amidst a taciturn society unable to confront the horrors of the Shoah, and some of these voices come to the fore in this volume.

While anti-Semitism did not miraculously disappear with Hitler, the newly formed West German government initiated programs to encourage Jews to return to German soil. In the 1950s and 1960s, approximately 6,000 Jews of German origin and culture repatriated for various reasons. The Federal Republic's reparation efforts, the so-called *Wiedergutmachung*, gave a signal that it accepted its moral responsibility to make restitution for the war, and to arrange for certain legal privileges and entitlements. The government also proved supportive of Israel both politically and financially.

For several writers in this volume, the very term *Wiedergutmachung*, the "making good or workable again," is problematic. The second generation, that is, the children of survivors returning to Germany during this time, has critiqued their parents' assimilation practices in light of the reparations offered to them. In their own way, the older generation of Jews also participated in the *Schweigen* that marked post-Shoah Germany, seeking 'normalcy' where there could be none.

Though most Jews in Germany after the war were situated in the west, some chose to settle in East Germany out of political convictions. It is estimated that in the early 1950s around 8,000 Jews lived in the GDR. Many returnees considered the division of their former homeland just punishment for the war and the murderous Nazi regime. Most of them had, to some degree, supplanted their Jewish identity with a socialist or communist one, and were therefore eager to participate in the construction of a socialist state. This was just as well, for there were few Jewish communities in the East, and identities based on ethnicity or religion were not encouraged. Furthermore, while the SED (Socialist Unity Party) owed much of its historical legacy and vision to Jewish communists before the war, they purged themselves of Jewish associations.

Unlike West Germany, the East did not consider Jewish requests for restitution, as the SED considered the communists victims of Nazi aggression and thus the main target of Hitler's fascism. This perspective afforded them a way to divorce themselves psychologically from the Nazi fascists and see themselves as victims, rather than as perpetrators. Those who concerned themselves with Jewish issues often lost their jobs. By the mid 1950s all outspoken Jews with political power, including every Jewish community leader, in addition to Leo Zuckermann (chief of President Wilhelm Pieck's office) and Julius Meyer (member of the SED and of the East German parliament and *Volkskammer*) fled to the West. Even Paul Merker (member of the SED), a non-Jew who spoke out for Jewish restitution and in support for Israel, was arrested, called a *Judenknecht* (servant of the Jews), and charged with being a spy for Jewish imperialists. It was clear to the Jews remaining in East Germany that it would be best to assimilate and leave Jewish issues alone. (See Barbara Honigmann in this volume.)

Austria

In 1933, the Jewish population was approximately 200,000; at the end of the war, about 4,500 of the 126,500 survivors returned. Similar to the Jews in the GDR, they found themselves in a country that saw itself as "the first victim of Nazi Germany," and was therefore able to deny responsibility or guilt for the expulsion and extermination of the Jews. Austrians and Jews were considered victims alike, a fact that is still painful to Austrian Jews today. By 1948, the country was recognized as a partner of the Western Powers and not obliged to prove its ability to build a democratic state by adopting a special attitude toward the Jews. While, as was noted earlier, the Zionist organizations and the World Jewish Congress had called for the emigration of Jews from Germany, the Jewish community of Vienna was allowed to participate in the sessions of the World Jewish Congress as a member of equal standing. Even the new state of Israel agreed with the position of the Allies and in 1952 renounced its right to a *Wiedergutmachung* from Austria. Thus it was very difficult for Jews to receive restitution or reclaim property taken from them before the war. Only a partial agreement was reached in 1962 regarding indemnification to victims, far from equal to that received by Jews repatriated in West Germany. It was not until 1991 that an Austrian Chancellor, Franz Vranitzky, acknowledged Austria's responsibility for Nazi crimes, and not until 2000 that a Reconciliation Fund agreement was signed in order to compensate the victims of the Nazi regime.

The 1960s to 1980s

By the end of the 1960s, it was clear that Jews were going to remain in the German states and Austria, yet many still felt like outsiders and saw themselves in a state of 'auf gepackten Koffern sitzen,' a phase that became a metaphor for these decades of uncertainty. Although Willy Brandt's first official visit to Israel in 1973 fostered much interest among Germans and Jews, it was not until the beginning of the 1980s, largely inspired by the television series *Holocaust*

(1979) and the ongoing and highly publicized Majdanek trial, that Germans began in earnest to confront the past.[2] The series opened the floodgates to historical inquiry, bringing the Shoah and Germany's participation in it into the homes of millions of viewers. Following the discussions inspired by the series, the *Historikerstreit*, carried out in Germany's most prominent newspapers and magazines, brought issues relevant to the nature of memory and German history into common discourse. This Historians' Debate revolved around whether one could examine the crimes of the Shoah in relativist terms, such as comparing the Nazis' systematic murder with that of other tyrants, such as Stalin. More discussions ensued after the Bitburg affair in which President Ronald Reagan, in an attempt to foster positive identity-building among Germans, blamed the horrors of the Shoah on Hitler alone, suggesting that the SS were as much victims of the Nazis as were the victims of the concentration camps.

In the summer of 1989, just a few months before the fall of the Wall, the American architect Daniel Libeskind[3], the child of Holocaust survivors, was chosen among 165 entrants in the competition to design the new Berlin Jewish Museum. (The first incarnation of the museum had been seized by the Nazis during *Kristallnacht*, the November pogrom of 1938.) Although the museum did not officially open until early September 2001, the intervening years drew attention to issues related to the Shoah, such as *Kollektivschuld*, the acceptance of blame, and the proper way to memorialize the Jews murdered by the Nazis. It can be said that the Nazi past became an integral part of German public discourse in all spheres of life, and coming to terms with the Shoah a part of German identity. It was also during this decade of debates that writers such as Katja Behrens, Maxim Biller, Rafael Seligmann, Esther Dischereit, and Barbara Honigmann began to address Jewish themes in their work, and, in particular, what it meant to grow up Jewish in Germany after the Shoah. (All but Seligmann are included in this volume.)[4]

Austrians, too, began to confront their past in the 1980s, amidst protests against Kurt Waldheim's presidency after it was discovered that he had misrepresented his Nazi past. A group calling themselves 'New Austria' organized demonstrations, vigils and informational conferences that set in motion a new interest in the truth concerning Austria's role during the Nazi era, a movement which received a considerable boost when Austria marked the fiftieth anniversary of the *Anschluß* with a state sponsored symposium on the subject. It was not until the early 1990s before Jewish writers, such as Robert Schindel (included in this volume), began to publish literature specifically addressing what it was like to grow up in post-war Austria.

---

2 The Majdanek Trial is one of the longest trials in German history. Defendants in the trial were former Nazis at the Mejdanek Concentration Camp in Poland. The third of the Mejdanek trials was from 1975 to 1981.

3 Libeskind is also the architect for the World Trade Center Memorial.

4 Seligmann deals with these issues in his *Rubensteins Versteigerung*. München: DTV, 1991.

During the final years of the GDR, Jews began to experience a greater willingness among governmental officials to support Jewish life. The SED hoped to improve its trade options by appealing to international Jewish organizations, while, at the same time, attempting to appear less outwardly oppressive. In fact, the last parliament did ask the Jewish population to be forgiven for Nazi persecution, and it began to open borders for Jewish settlers from the Soviet Union. This accounts for the fact that the new Jewish communities established in the GDR's final days were comprised solely of Soviet immigrants. With the dissolution of the GDR and the subsequent unification of the two German states in October 1990, these fledgling communities of the east were absorbed and fell under the control of the *Zentralrat der Juden in Deutschland.*

The 1990s and Beyond

Since the 1990s, the Jewish population in Germany has almost tripled. It is estimated at the end of the 1980s there were roughly 40,000 Jews living in Germany, while today it is thought that there are over a 100,000 in a total population of 82 million. Immigrants from Iran, Israel and South America had added in earlier years to the social makeup of the German Jewish communities, but it is another group that has made Germany's Jewish population one of the fastest growing in the world. According to the head of the Moses Mendelssohn Zentrum in Potsdam, Germany now has taken in, for the first time ever, more Jewish immigrants than Israel and the United States. For example, in 2002, the German immigration authorities registered 19,262 Jewish immigrants, whereas Israel registered 18,878 and the United States under 10,000 in recent years. One might ask: Who can that be, and how?

The growth is due largely to the immigration of Eastern Europeans from the former Soviet republics, many of whom have sought asylum in Germany in light of rising anti-Semitism and economic and political instability at home. The fall of the Wall had opened the doors for hundreds of thousands of East Germans and over a million ethnic Germans from Eastern Europe; more than a million people, mainly from Third World countries, also sought asylum during the same years. It appears to be a puzzling choice for Jews to immigrate to a country responsible for the deaths of, often, their parents and grandparents. One reason is that Germany is the only country in the western world that is legally bound to take in refugees, according to the February 1991 Refugee Quota Law. Based on this quota system, those choosing to settle in the country are dispersed throughout the *Länder* in cities with Jewish communities. The Quota Law gives the immigrant integration and public assistance, health insurance, professional training and retraining, a monthly family allowance and subsidized housing, making Jews from the former Soviet Union in effect a privileged group among those seeking asylum in Germany today. Other reasons include cultural proximity, the geographical location, and the country's relative political stability.

The sharp increase in the Jewish population indicates a new breath of life for these communities, but it also represents a problem. Of the thousands of former

Soviet Jews, few are versed in Jewish tradition, culture, and religion. Although these Jews represent an opportunity to fortify the future of German Jewry, there are neither enough rabbis to serve Germany's 82 Jewish communities, nor the resources available to teach this Russian-speaking population about Jewish holidays and festivals, Jewish culture and Hebrew. While Berlin, in contrast, has managed to meet the needs of its immigrant population by developing a strong outreach that includes printing all of its publications in German and Russian, many of the smaller communities are struggling to deal with these dramatic demographic changes.

Today, the Austrian Jewish population is roughly 8,000 to 10,000 in an overall population of 8 million. Most Jews live in Vienna, though there are small communities in Graz, Innsbruck, Linz, Salzburg, Baden and Bad Gastein. While the Jewish communities of Austria have also experienced a slight increase in members from the former Soviet Union, Austria does not have the same kind of quota system as Germany and those who settle in Austria are more easily absorbed. Also, members of the largely Georgian immigrant population in Vienna belong to a Trans-Caucusus Jewish Center, which caters specifically to the Russian community. Like in Germany, Austria's Jews are represented by an umbrella organization, the Israelitische Kultusgemeinde (IKG), which provides a variety of services to Austria's Jewish communities.

Jewish Life Today

Jewish life in Austria and Germany is flourishing in ways deemed unimaginable after the Shoah, particularly in Berlin and Vienna where there is a strong infrastructure relevant to Jewish religious, cultural, social, and educational needs. While German and Austrian synagogues tend toward traditional Orthodox religious services, a kind of religious pluralism is beginning to develop. Reform and liberal synagogues, including Or Chadasch in Vienna, Beth Shalom in Munich, and the Jüdische Gemeinde zu Berlin, offer new ways for Jews to participate religiously in the Jewish community, a welcome development for many liberal and intermarried Jewish couples who did not feel comfortable or welcome in an Orthodox environment. In addition to having a greater choice when it comes to places of worship and religious study, there are over 14 universities offering academic Jewish studies programs in Germany and Austria. Over 800 of the 1,200 Jewish children in Vienna attend the schools maintained by the Jewish community, and in the year 2000, high school diplomas were awarded for the first time since 1938 at the Jüdische Schule in Berlin. Also contributing to Jewish culture and the distribution of ideas are a myriad of magazines and newspapers, including, but not limited to, the *Allgemeine Jüdische Wochenzeitung, Jüdische Zeitung, Golem, Jüdisches Berlin, Die Gemeinde,* and *Tribüne.* Branches of international Jewish organizations including Zionist groups, B'nai B'rith, WIZO, Chabad, and Hadassah are also represented in these countries and attest to the importance of these communities. Furthermore, there are social and political organizations, many of which address the current Arab-Israeli conflict from a variety of standpoints.

There are also social outlets for young Austrian and German Jews, including the recent launch of Jewish Internet dating in German and Russian, competitive Jewish sports organizations, such as Hakoah in Vienna and Makkabi in Berlin, Jewish summer camps, student unions, and even a formal Jewish ball.

Specter of the Past

Non-Jewish Germans appear to be immensely fascinated with things Jewish. Commemorative monuments and memorials, Jewish museums and exhibits crisscross the country and television documentaries and miniseries of Jewish life and culture abound. Much press coverage was given to Daniel Goldhagen's controversial book, *Hitler's Willing Executioners: Ordinary Germans and the Holocaust*, and its reception among the readers has been extraordinary. Today's pupils study a mandatory curriculum about the Shoah. There is tremendous participation of non-Jewish Germans in the many lecture series, concerts, festivals, Jewish *Volkshochschulen* courses, and festivals, and Jewish restaurants and bookstores have become popular meeting places for Jews and non-Jews alike. This pre-occupation, some call it obsession, of gentile Germans with things Jewish has not gone without its critics. There is an element of the 'exotic' and 'other,' a nostalgic memorialization of past Jewish life and a preconceived notion of Jewish identity that are both disturbing and alarming to Jews. As Raphael Seligmann, the outspoken writer and publicist notes: "We represent the model Jew. We are the alibi for a purified German society after Hitler. We supposedly yearn for normality. In truth, however, we are addicted to the neurotic life of living as a Jew in Germany. The German, however, values us as exotic reminders of the horror."[5] It can be said that Jews live caught between the excessive attention paid to them, also called philo-Semitism, and its opposite, anti-Semitic hostility.

Despite the obvious renascence of Jewish life and the non-Jewish Germans' fascination for it, old stereotypes and prejudices exist (see Katja Behrens in this volume). It is illegal in Germany to openly voice anti-Semitic sentiments in public, compelling anti-Semites to do their hostile acts from the safety of concealment. Lamentably, anonymous desecration of Jewish cemeteries, gravestones, and synagogues, as well as intimidation and threats to property, have become increasingly more frequent. The question of anti-Semitism has also surfaced in the cultural sphere. In what has come to be known as the Fassbinder scandal, the issue of freedom of artistic expression vs. portrayal of anti-Semitic content plunged the German public into a heated debate. At issue was the premiere of a play by Rainer Werner Fassbinder, a left-wing writer and filmmaker, who argued that his play, *Der Müll, die Stadt und der Tod*, was meant to question whether it was taboo for Germans to criticize or portray Jews negatively. The play contains overtly anti-Semitic language and stereotypes to present its main

---

5   Raphael Seligmann, "Nicht in jüdischer Macht. Von der Mehrheit alleingelassen, der Selbstisolation besichtig: Erfahrungen im veränderten Deutschland." *Die Zeit* (November 25), 1999

character, a wealthy Jew, who uses dishonest trickery to make lucrative real estate deals. The Jewish community was not only shocked at the play's use of anti-Semitic themes; it was also concerned with Fassbinder's allusion to Ignatz Bubis, a real estate broker and leader of the Jewish community. The real issue seemed not whether one was able to challenge Jews but whether one could revive anti-Semitic stereotypes and rhetoric under the guise of legitimate criticism. On the evening of the premiere, around a thousand protesters gathered in front of the Frankfurt Schauspielhaus, another twenty-five, including a member of the board of directors of the Jewish Community of Frankfurt, had a sit-in on stage. After several hours of peaceful debate and discussion, the city's culture minister canceled the show. Daniel Cohn-Bendit, a leading Jewish voice who attended the premiere, argued for presenting the play but applauded the Jewish community's vigorous participation in the protest, calling it the first "decisively public stand in any political controversy in the post-war period."[6] With the emergence of an outspoken, active Jewish voice, the decades of silence were over at last.

Austrians have also been embroiled in their own open protests against Jörg Haider and his Freedom party, the FPÖ, whose anti-Semitic and xenophobic views have angered many, as has their use of slogans such as 'jetzt erst recht' reminiscent of the anti-Semitic Waldheim campaigns. Haider in particular has often blurred the lines between anti-Semitism and criticism of Israel, claiming that Jews have too much power. He is also known for having extolled the merits of Hitler's employment policies, for having attended SS veterans' meetings and even publicly praising these veterans as 'men of character' who struggled for 'freedom and democracy.' Amidst overwhelming opposition against him, Haider chose to step down as leader of the FPÖ in 2000, though he remains a powerful and popular politician.

Both Austria and Germany seem aware of the dangers of letting divisive rhetoric go unchecked, particularly in politics. Those who have used anti-Semitism as a political tool have not only received the scorn of their respective political parties, their tactics have alienated voters, and eventually cost them their elections. Although there continue to be anti-Semitic episodes, there is also a dedication to uprooting them when they arise. This is evident through what happened to two German politicians in 2002, Jamal Karsli, who claimed that a 'big Zionist lobby' was controlling the media and that there was a world wide Jewish conspiracy able to command politicians; and Jürgen Möllemann, who accused the Jewish leader and popular talk show host, Michel Friedman, and the Israeli Prime Minister of generating anti-Semitism because of their personalities. As Germany's foreign minister Joschka Fischer wrote in the prestigious *Frankfurter Allgemeine Zeitung*, in response to the Möllemann affair: "Es scheint sich etwas verändert zu haben in Deutschland, und niemand spürt

---

6   Andrei S. Markovits and Beth Simone Noveck. "Rainer Werner Fassbinder's Play *Garbage, the City and Death*, produced in Frankfurt, marks a key year of remembrance in Germany," in: *Yale Companion to Jewish Writing and Thought in German Culture, 1096-1996*. Sander Gilman and Jack Zipes eds. New Haven-London: Yale University Press, 1997, p.807

dieses unmittelbarer und bedrängender als die deutschen Juden. Sie fühlen sich allein, wieder einmal, und das darf nicht sein. Nicht in Deutschland."

Anti-Semitism, in its many guises, continues to inhibit, at times, both Jews from taking part in society as Austrians and Germans *and* Jews, and the Austrians and Germans from being able to advance in time informed, but not limited, by the past. According to the social philosopher Theodor W. Ardorno, "we will not have come to terms with the past until the causes of what happened then are no longer active. Only because these causes live on does the spell of the past remain, to this very day, unbroken."[7] And as Joschka Fischer noted, "Wie weit es uns gelingt, das Leben und Gedeihen der jüdischen Gemeinden in Deutschland zu unterstützen und zu fördern, ist zugleich ein Maßstab für unsere Fähigkeit, eine offene, tolerante Gesellschaft zu schaffen. Jeder einzelne Fall von Antisemitismus bedroht deshalb nicht nur die Juden in Deutschland, sondern unsere Gesellschaft und unsere Demokratie als Ganzes." Each generation brings new hope, and those who write about the Jewish experience in these lands afford a means of promoting greater understanding.

Auswahlliteratur

While the list below is not meant to be exhaustive, it serves as a basis for finding out more information concerning Jewish communities in Austria and Germany. It also lists some of the more general works relevant to the topic of Austrian and German Jewish literature.

Baldwin, Peter, ed. *Reworking the Past: Hitler, the Holocaust, and the Historian's Debate.* Boston: Beacon, 1990.

Benz, Wolfgang, ed. *Zwischen Antisemitismus und Philosemitismus. Juden in der Bundesrepublik.* Berlin: Metropol, 1991.

Blasius, Dirk, and Dan Diner, eds. *Zerbrochene Geschichte: Leben und Selbstverständnis der Juden in Deutschland.* Frankfurt am Main: Fischer, 1991.

Brenner, Michael. *After the Holocaust: Rebuilding Jewish Lives in Postwar Germany.* Princeton: Princeton University Press, 1997.

Broder, Henryk. *Jedem das Seine.* Augsburg: Ölbaum, 1999.

Brumlik, Micha, Doron Kiesel, Cilly Kugelmann, and Julius H. Schoeps, eds. *Jüdisches Leben in Deutschland seit 1945.* Frankfurt am Main: Athenäum, 1986.

Bubis, Ignaz. *Ich bin ein deutscher Staatsbürger jüdischen Glaubens. Ein autobiographisches Gespräch mit Edith Kohn.* Köln: Kiepenheuer und Witsch, 1993.

---

7   In: "What Does Coming to Terms with the Past Mean?", *Bitburg in Moral and Political Perspective*, ed. Geoffrey H. Hartman (Bloomington: Indiana University Press, 1986), pp.114-29

Diner, Dan. "Negative Symbiosis" in: *Reworking the Past: Hitler, the Holocaust, and the Historians' Debate*. Ed. Peter Baldwin, Boston: Beacon Press, 1990.

Eshel, Amir. *Jewish Memories, German Futures: Recent Debates about the Past*. Bloomington: The Robert A. and Sandra S. Borns Jewish Studies Program, Indiana University, 2001.

Feldman, Linda E., and Diana Orendi, eds. *Evolving Jewish Identities in German Culture: Boarders and Crossings*. Westport: Praeger, 2000.

Gilman, Sander L. and Jack Zipes, eds. *Yale Companion to Jewish Writing and Thought in German Culture, 1096-1996*. New Haven: Yale University Press, 1997.

Gilman, Sander L., and Karen Remmler, eds. *Reemerging Jewish Culture in Germany: Life and Literature Since 1989*. New York: New York University Press, 1994.

Korn, Salamon. *Geteilte Erinnerung. Beiträge zur deutsch-jüdischen Gegenwart.* Berlin: Philo, 1999.

Lappin, Elena, ed. *Jewish Voices, German Words. Growing up Jewish in Postwar Germany and Austria*. North Haven: Catbird Press, 1994.

Lorenz, Dagmar C.G. *Contemporary Jewish Writing in Austria: An Anthology*. Lincoln-London: University of Nebraska Press, 1999.

_____. *Keepers of the Motherland: German Texts by Jewish Women Writers*. Lincoln-London: University of Nebraska Press, 1997.

_____ and Gabriele Weinberger, eds. *Insiders and Outsiders: Jewish and Gentile Culture in Germany and Austria*. Detroit: Wayne State University Press, 1994.

Morris, Leslie and Jack Zipes, eds. *Unlikely History: The Changing German-Jewish Symbiosis, 1945-1990*. New York: Palgrave, 2000.

Nolden, Thomas. *Junge jüdische Literatur: Konzentrisches Schreiben in der Gegenwart*. Würzburg: Königshausen & Neumann, 1995.

Ostow, Robin. *Jews in Contemporary East Germany. The Children of Moses in the Land of Marx*. New York: St. Martin's Press, 1989.

Pick, Hella. *Guilty Victim: Austria From the Holocaust to Haider.* London: I.B. Tauris, 2000.

Reich-Ranicki, Marcel. *Über Ruhestörer: Juden in der deutschen Literatur.* Stuttgart: Deutsche Verlags-Anstalt, 1989.

Richarz, Monika. "Jews in Today's Germanies," in *Leo Baeck Institute Year Book* 30 (London, 1985), 126-30.

Schoeps, Julius H. *Leiden an Deutschland. Vom antisemitischen Wahn und der Last der Erinnerung*. München: Piper, 1990.

Sichrovsky, Peter. *Wir wissen nicht was morgen wird, wir wissen wohl was gestern war: Junge Juden in Deutschland und Österreich*. Koeln: Kiepenheuer & Witsch, 1985.

Stern, Susan, ed. *Speaking Out: Jewish Voices from a United Germany*. Chicago: edition q, 1995.

Wirth-Nester, Hana, ed. *What is Jewish Literature?* Philadelphia: Jewish Publication Society, 1994.

Wroblewsky, Vincent von, ed. *Zwischen Thora und Trabant. Juden in der DDR.* Berlin: Aufbau, 1993.

*My God remember for ever my dear ones…
who have gone to their eternal rest. May they
be at one with the One who is life eternal. May
the beauty of their lives shine for evermore,
and may my life always bring honor to their
memory.*

Jewish Prayer for the Yizkor Service.

Bleibende Erinnerung

There are three main factors unifying the works brought together in this section, all of which, to some degree, are indicative of certain Jewish literary traditions. First, they emphasize life, despite chronicling Jewish lives devastated by the Nazis. Second, they use humor and wit to evoke the individuals and culture depicted. Third, they provide a literary memorial to the Jewish lives and culture lost in the Shoah. Although Friedrich Torberg, Edgar Hilsenrath and Jurek Becker reacted to their Jewish identity and heritage in different ways, threads of Jewish literary tradition are woven into their work.

While Torberg, Hilsenrath and Becker all allude to the Shoah in their work, a concentration on life permeates their texts. Their characters are vibrant and full of spirit; even Becker's description of a Jewish ghetto on the verge of liquidation emphasizes his young characters' sense of adventure and humanity over their impending doom. These writers essentially write 'around' the Shoah, re-humanizing those victimized by it, depicting life as opposed to death. Such an approach is welcome given that Jewish victims of the Shoah are often memorialized using images that bear little resemblance to those intended. Countless monuments depict Jews as emaciated and hopeless, while others direct the viewer to conceptualize their murder through visual references to concentration camps or gravestones. As such, they call to mind the result of the Nazis' calculated genocide and terror as opposed to its human victims. In opposition, the works presented in this section afford an alternative way to approach the Shoah and the lives and culture changed by it, without this dehumanizing effect.

Perhaps the most controversial element of these literary pieces is their use of humor. Many have been critical of using humor and irony to address such a serious topic, even if only indirectly. Yet Jewish humor has served as a way for Jews to approach their hardships and make light of their situation for centuries. In the midst of a crisis, religion might not be as helpful as humor, as indicated in the Yiddish literature of Sholem Aleichem or I.L. Peretz, in which humor and irony are used to address such topics as poverty, illness, anti-Semitism and murderous pogroms. Even in concentration camps, Jews turned to humor to transcend their suffering. In Dachau, the Viennese journalist Rudolf Kalmar emphasized this notion in the last lines of a play he wrote on scraps of paper: "Es ist das alte Lied,/ Was man im Stück hier sieht./ Doch bleib für immer ein Wort im Ohr:/ Ist alles auch ganz schlecht,/ Es wird schon wieder recht/ Durch dieses Zauberwort: Humor, Humor!"[1] In taking a decidedly humorous approach to their material, the writers included here not only add to this longstanding Jewish tradition of "laughter through tears," but also demonstrate that neither they, nor the Jews they write about, should be defined by their suffering.

When confronted with a catastrophe, according to the Jewish literary scholar David Roskies, Jews have often chosen to write as a way to memorialize as demonstrated by a wealth of Yiddish literature, including the work of Jacob Gladstein and Chil Szaja Trunk. In the same spirit, the preservation of the world and individuals lost during the Shoah appears as a mission for Becker, Hilsenrath and Torberg. For regardless of how these writers related to their Jewish identity, they each created a kind of literary monument to the memory of Jewish lives and culture irretrievably lost during the Shoah. According to the Germanist Dieter Lamping, this commitment to remembering Jewish life and culture as it appears in German-Jewish literature is particularly important:

> Die deutsch-jüdische Kultur im Ganzen [...] ist für nicht-jüdische Deutsche heutzutage von besonderer Bedeutung. Als 'Noterben' (Ludwig Börne) der deutschen Vergangenheit haben sie nicht nur mit Schulden und Schuld zu leben, auch mit verlorenen Möglichkeiten. Ein Studium der jüdischen Literatur deutscher Sprache kann ein Bewußtsein für das eine wie das andere vermitteln. Denn erst wenn wir wissen, was wir zerstört haben, wissen wir, was wir verloren haben.[2]

Though most of the works collected here are entertaining, and, at times, hopeful, the underlying subtext is that they are an attempt to revisit the past with a largely non-Jewish audience in mind. The authors were among the first post-war writers to present their readers with a Jewish perspective of the past and, perhaps more importantly, Jews. While Hilsenrath and Torberg purport to describe real events and individuals, Becker's fictional account of ghetto life is perhaps his own way to 'recollect' his early years in the ghetto, to bear witness despite his suppression of personal memories.

For many, Becker, Hilsenrath and Torberg represent a continuation of the German Jewish literary life interrupted by the Nazis. Yet while their work considers Jewish characters and often displays indebtedness to certain Jewish

---

1   Steve Lipman. *Laughter in Hell: The Use of Humor during the Holocaust*. Northvale, New Jersey: Jason Aronson, 1993, p.72

2   Dieter Lamping. *Von Kafka bis Celan: Jüdischer Diskurs in der deutschen Literatur des 20. Jahrhunderts*. Göttingen: Vandenhoeck & Ruprecht, 1998, p.14

literary traditions, there are a number of differences between the authors themselves. Though these writers all survived the Shoah in one way or another, Becker and Hilsenrath began their literary careers after the war ended, while Torberg had already achieved success as a writer before the war. One of thousands of Jewish *hommes de lettre* forced into exile because of the war, Torberg was one of the very few who returned when it was over. On his seventieth birthday, the president of the Israelitische Kultesgemeinde (IKG) of Vienna recognized that he was one of the last, "der zwei Epochen jüdischen Lebens in sich vereinigt und der eine Brücke bildet zwischen einer alten und einer neuen Zeit des europäischen Judentums."[3] Torberg's poem, "Die Rückkehr," with all of its emotional complexities, symbolically opens this anthology, for it is a testament to the renewal of German-Jewish literature and life after the war, but also a recognition of the ever-present shadow left by history.

Torberg stands out as one of the most important contemporary Austrian Jewish writers. Born in 1908 into a middle class Jewish family, his youth was a series of athletic successes (he was a champion water-polo player) and academic failures, the latter of which he turned into the inspiration for his best-selling novel, *Der Schüler Gerber* (1930). This book, attacking the rampant abuse of authority and oppressive nature of the school system, assured his place within Viennese literary society. Yet his blossoming career was cut short as his books were burned and he was forced into exile. Welcomed in America as one of 'Ten Outstanding German Anti-Nazi-Writers,' Torberg published three novels dealing with the psychological impact of war and its atrocities, *Mein ist die Rache* (1943), *Hier bin ich, mein Vater* (1948), and *Die zweite Begegnung* (1950). He chose to return to Vienna in 1951, where he founded the pro-democratic intellectual magazine *FORVM*. Torberg was a self proclaimed "Jud vom Dienst" for his outspoken stance on Jewish issues, and his literature often examines the so-called German-Jewish symbiosis, particularly his novel about the alleged first Jew to write in German, *Süßkind von Trimberg* (1972). *Die Tante Jolesch oder Der Untergang des Abendlandes in Anekdoten* (1975) and *Die Erben der Tante Jolesch* (1978) are anecdotal accounts of the largely Jewish coffeehouse society of Vienna and Prague during the inter-war years. Just months before his death, Torberg received the Austrian State Prize for Literature, one of many accolades acquired throughout his life.

Torberg's use of a post-war perspective in describing Tante Jolesch typifies his narrative strategy of framing his anecdotes with information about what happened to his characters after the *Anschluß*. In stressing that this world was destroyed, he prevents his readers from focusing on the nostalgic aspects of the material alone. The way Tante Jolesch speaks is indicative of the kind of Jewish argot often found in Yiddish literature, particularly with regard to her *bon mots* and grammatical structure. In an interview, Torberg explained that Tante

---

3   As quoted in: Evelyn Adnuka. 'Friedrich Torberg und Hans Weigel—Zwei jüdische Schriftsteller im Nachkriegsösterreich,' *Modern Austrian Literature*, 27 (1994), 213-38

Jolesch is also imbued with a symbolic function, for she "inkarniert das jüdische Bürgertum im alten Österreich, das die Kulturstimmung nicht etwa nur bis 1918, sondern bis 1938 prägt. Erst Hitler hat dieser Welt ein Ende gemacht."[4]

Hilsenrath's *Das verschwundene Schtetl* is also presented as a personal memoir and it too is framed with a consciousness of the destruction of the world recalled. Hilsenrath achieves this effect by describing his characters in conjunction with an account of a post-war pilgrimage to a former *Shtetl* in Sereth, Romania. References to Jewish traditions and images permeate the text and are evidence of Hilsenrath's overall devotion to writing about Jewish characters. Indeed, like Torberg, Hilsenrath has written a number of novels influenced by what occurred during the Shoah.

Hilsenrath was born in Leipzig in 1926 where he lived until he was sent to Romania by his parents to protect him from the Nazis. Using false papers, he emigrated to Palestine in 1944 and then the USA in 1951, where he supported himself as a waiter and dishwasher while writing *Nacht* (1964). Filled with dark humor, this work was Hilsenrath's attempt to come to terms with his past in a Romanian ghetto during the war. Yet the raw irony and satire, in conjunction with an uncompromising treatment of the depravity in the ghetto, made it hard for him to find a publisher in Germany. Gaining a reputation as a literary radical, his next novel, *Der Nazi und der Friseur* (1977), was published nearly ten years after it was written, and was considered by some to be grotesquely ironic. It chronicles the life of Max Schultz, a Nazi, who assumes the Jewish identity of one of his victims to escape being tried as a war criminal. Hilsenrath received the Alfred Döblin Prize for his novel *Das Märchen von letzten Gedanken* concerning the attempt to exterminate the Armenian population in 1915.

Becker's short story *Die Mauer*, the last work in this section, tells the story of ghetto life under the Nazis as seen through the eyes of a young boy. The ghetto's claustrophobic communal quarters, Nazi roll calls, confinement and fear serve as a quiet backdrop to the innocent, albeit dangerous, adventure of three boys who scale the ghetto wall to return to their former homes in search of possessions. Becker affords his readers a glimpse of history by describing how his characters are forced from their homes into a walled-in section of town, later to be transported to concentration camps—exactly what happened to Becker as a child. While *Die Mauer* accentuates the oppressive nature of ghetto life, it also depicts the fearlessness of youth and often surprising glimmers of humanity despite the dreadful nature of the ghetto. The title and emphasis on the wall in the story also invite comparisons with the Berlin Wall, which Becker, like his characters, found a way to scale.

Becker also wrote about ghetto life in *Jakob der Lügner* (1969), a novel and two-time film (Germany and USA), which tells the story of a Jakob, who, despite restrictions in the ghetto, claims to have a secret radio. Jakob uses this

---

4   Toni Meissner. "Friedrich Torberg über 'Tante Jolesch' und ihre Verwandten", *Abendzeitung 8 Uhr Blatt*, April 8, 1975

assumption to tell tales that inspire hope among the people in the ghetto. The gallery of Jewish personalities appearing in the ghetto, in addition to Becker's anecdotal style used to describe them, evokes loose comparisons with Yiddish literature, particularly the works of Aleichem and Peretz. His ghetto seems transformed into a kind of *shtetl* (small Jewish town or village), with each of its characters symbolic of a particular archetype common in Jewish society, from the assimilated Jew to the Rabbi. In neither "Die Mauer" nor *Jakob der Lügner* is the ghetto able to extinguish the Jewish spirit.

Though Torberg and Hilsenrath identify themselves as Jews, Becker considered himself an atheist (though both of his parents were Jewish) and attempted to thwart being labeled a German-Jewish writer. Nevertheless, he admits that, "one is not only the person one imagines himself to be but for better or worse is also the one others consider him to be."[5] It is Becker's literature and not the way he led his life that invites many to consider him within a German-Jewish framework, particularly since much of his most noteworthy work concerns the Jewish experience during or as a result of the Shoah, including *Irreführung der Behörden* (1973), *Der Boxer* (1976), *Bronsteins Kinder* (1986) and *Jakob der Lügner* (1969).

Becker was born in 1937 in Lodz, Poland. He spent most of the first nine years of his life in the Lodz ghetto and two concentration camps, Ravensbrück (near Berlin, Germany) und Sachsenhausen (Oranienburg, Germany). Except for his father, with whom he was reunited after the war, the Nazis murdered his entire family. His father decided to settle in East Berlin (GDR) and Becker grew up to be, in his own words, 'a good comrade.' Nevertheless, he was expelled from the SED (Socialist Unity Party) after protesting with other writers when Wolf Biermann was denied his citizenship. Indeed, he had already expressed reservations concerning the GDR when it sanctioned the suppression of the Czech uprising in 1968. Becker moved to West Berlin in 1977, where he lived until his death of cancer in 1997.

---

5   As quoted in Frank D. Hirschbach's essay "World War II ends, and eight-year-old Jurek Becker is freed from a concentration camp and begins to learn German," in: *Yale Companion to Jewish Writings and Thought in German Culture, 1096-1996*, eds. Sander L. Gilman and Jack Zipes, New Haven: Princeton University Press, 1997, p.626

Friedrich Torberg

Die Tante Jolesch persönlich

1. What about this piece is indicative of Jewish cultural elements?
2. How does Torberg address the Shoah?
3. What kind of character is Tante Jolesch?

Was nun die Tante Jolesch selbst betrifft, so verdanke ich die Kenntnis ihrer Existenz – und vieler der von ihr überlieferten Aussprüche – meiner Freundschaft mit ihrem Neffen Franz, dem lieben, allseits verhätschelten Sprößling einer ursprünglich aus Ungarn stammenden Industriellenfamilie, die seit langem in einer der deutschen Sprachinseln Mährens ansässig und zu beträchtlichem Wohlstand gelangt war. Franz, bildhübsch und mit einer starken Begabung zum Nichtstun ausgestattet (das er nur dem Bridgespiel und der Jagd zuliebe aufgab), muß um mindestens zwölf Jahre älter gewesen sein als ich, denn er hatte bereits am Ersten Weltkrieg teilgenommen und wurde von seinen gleichaltrigen Freunden auch späterhin noch scherzhaft als »Seiner Majestät schönster Leutnant« bezeichnet. Ich war wiederholt auf dem mährischen Besitz seiner Familie zu Gast – »Ein Narr, wer kein Gut in Mähren hat«, hieß es damals in einem zynisch-selbstironischen Diktum jener Kreise – und blieb ihm bis zu seinem arg verfrühten Tod herzlich verbunden. Die einrückenden Deutschen hatten ihn 1939 als Juden eingesperrt, die befreiten Tschechen hatten ihn 1945 als Deutschen ausgewiesen. Man könnte sagen, daß sich auf seinem Rücken die übergangslose Umwandlung des Davidsterns in ein Hakenkreuz[1] vollzog. Er verbrachte dann noch einige Zeit in Wien und übersiedelte schließlich nach Chile, wo er bald darauf an den Folgen seiner KZ-Haft[2] gestorben ist. Die Tante Jolesch hat das alles nicht mehr erlebt.

Franz war ihr Lieblingsneffe, und es fügt sich gut, daß einer ihrer markantesten Aussprüche mit ihm zusammenhängt – mit ihm und mit zwei unter Juden tief verwurzelten Gewohnheiten. Die eine besteht

---

1   **Hakenkreuz**   swastika
2   **KZ-Haft**   imprisonment in concentration camp

in der Anrufung des göttlichen Wohlwollens für einen demnächst auszuführenden Plan, etwa für eine Reise, die man »so Gott will« morgen antreten und von der man nächste Woche »mit Gottes Hilfe« zurückkehren wird, außer es käme »Gott behüte«[3] etwas dazwischen, vielleicht gar ein Unglück, und »Gott soll einen davor schützen«, daß dies geschehe. Nicht minder tief sitzt, wenngleich ohne religiöse Verankerung, das jüdische Bedürfnis, einem schon geschehenen Mißgeschick hinterher eine gute Seite abzugewinnen. Die hier zur Anwendung gelangende Floskel lautet: »Noch ein Glück, daß…« und kann sich beispielsweise auf eine plötzliche Erkrankung beziehen, die nur dank rascher ärztlicher Hilfe zu keiner Katastrophe geführt hat: »Noch ein Glück« daß der Arzt sofort gekommen ist«; oder es kann »noch ein Glück« sein, daß bei dieser Gelegenheit ein andrer gefährlicher Krankheitskeim entdeckt und entschärft wurde.

Nun hatte Neffe Franz, als er einmal von einer Autoreise heimkehrte, unterwegs einen Unfall erlitten, bei dem er zwar mit dem Schrecken und gelinden Blechschäden davongekommen war, der aber dennoch am Familientisch ausgiebigen Gesprächsstoff abgab, teils weil sowohl Autobesitz wie Autounfälle damals erst im Anfangsstadium standen, also Seltenheitswert besaßen, teils weil man noch nachträglich um Franzens heile Knochen bangte. Immer wieder wollte man hören, wie er die drohende Gefahr – sein Wagen war auf einer regennassen Brücke ins Schleudern geraten – von sich abgewendet hatte, immer wieder hob Franz zu erzählen an, schmückte die Erzählung mit neuen Details und erging sich in neuen Analysen.

»Noch ein Glück«, schloß er einen seiner Berichte ab, »daß ich mit dem Wagen nicht auf die Gegenfahrbahn gerutscht bin, sondern ans Brückengeländer.«

An dieser Stelle mischte sich die Tante Jolesch erstmals ins Gespräch. Sie hatte bis dahin nur stumm und eher desinteressiert zugehört (denn ihrem Franz war nichts geschehen und das war die Hauptsache). Jetzt hob sie mahnend den Finger und sagte mit großem Nachdruck:

»Gott soll einen hüten vor allem, was noch ein Glück ist«.

Sie hat in ihrem Leben viel Zitierens- und Beherzigenswertes gesagt, die Tante Jolesch, aber nie wieder etwas so Tiefgründiges.

Vom gleichnamigen Onkel weiß die Fama nur wenig zu melden, und selbst dies Wenige verdankt er seiner Frau, der Tante. Er war das,

---

3   **Gott behüte**   God forbid

was man in Österreich – um den hoch- und reichsdeutschen Ausdruck »Geck«[4] zu vermeiden – ein »Gigerl« nannte, legte noch in hohem Alter Wert auf modische, nach Maß angefertigte Kleidung und bestand darauf, daß der Schneider zu diesem Behuf »ins Haus« käme. Als das zwecks Anfertigung eines Überziehers wieder einmal der Fall war, fuhr die Tante Jolesch mit nicht just gefühlsbetonter Entschiedenheit dazwischen:

»Ein Siebzigjähriger *läßt* sich keinen Überzieher machen«, erklärte sie. »Und wenn, soll ihn Franzl gleich mitprobieren.« Der historischen Übersicht wegen sei vermerkt, daß es zu den sozusagen feudalen, vom Adel übernommenen Usancen des reichgewordenen Bürgertums gehörte, bestimmte Dienstleistungen »im Haus« vollziehen zu lassen, statt den Vollzugsort aufzusuchen. Nicht nur Schneider und Modistin, nicht nur Hut- und Schuhmacher ließ man zu sich ins Haus kommen, sondern – und das sogar täglich inklusive Sonntag – auch den Raseur. Er wurde dementsprechend gut bezahlt und dementsprechend schlecht behandelt. Besonders arg trieb es in dieser Hinsicht der wohlbestallte Pardubitzer Fabrikant Thorsch, Vater des in Berlin und nachmals in Hollywood erfolgreichen Filmschriftstellers Robert Thoeren. Er setzte seinem (obendrein jüdischen) Raseur namens Langer jahrelang mit allen erdenklichen Launen und Mucken zu, und Langer ließ sich das jahrelang gefallen – bis es ihm eines Tages zu dumm wurde. Mitten im Einseifen hörte er plötzlich auf, packte wortlos sein Zeug zusammen und verschwand. Der prompt engagierte Nachfolger nahm zwar die Schikanen seines neuen Kunden willig und ohne Widerspruch hin, aber er rasierte ihn schlecht und wurde alsbald entlassen. Der nächste wiederum beherrschte zwar sein Fach, nicht aber sich selbst: er reagierte gleich auf die erste Beschimpfung so heftig, daß es zur sofortigen Lösung des Dienstverhältnisses kam. Der Vierte, mit dem Herr Thorsch es versuchte, entsprach sowohl als Raseur wie als Beschimpfungsobjekt allen Anforderungen, nur entsprach er ihnen nicht mit der nötigen Regelmäßigkeit, erschien manchmal zu spät, manchmal gar nicht und verfiel desgleichen der Kündigung. Herr Thorsch sah sich immer unausweichlicher von der Einsicht bedrängt, daß es für Langer keinen brauchbaren Ersatz gab.

Um diese Zeit kam mein Freund Thoeren, was er von Berlin aus gelegentlich tat, zu kurzem Aufenthalt ins Elternhaus und staunte nicht wenig, als ihm auf der Treppe sein Vater begegnete, in formeller Besuchskleidung, mit Cut, Melone, Stock und Handschuhen.

---

4 **Geck/Gigerl** (Yiddish) a vain, stylish person

»Wohin gehst du, Papa?« fragte er verdutzt.

Die Antwort erfolgte in gewichtigem, beinahe feierlichem Tonfall: »Mein Sohn – im Leben eines jeden Mannes kommt einmal der Tag, an dem er entweder um Entschuldigung bitten oder sich selbst rasieren muß. *Ich* geh mich entschuldigen.«

Es ist kein Zufall, daß beide Formulierungen, sowohl die des Herrn Thorsch wie jene der Tante Jolesch, aus einer durchaus persönlichen Situation eine allgemeine Lebensregel ableiten. Beide, sowohl der warnende Hinweis auf den schicksalsschweren Tag, der im Leben eines jeden Mannes einmal kommt, wie die nüchterne Feststellung, daß sich ein Siebzigjähriger keinen Überzieher machen läßt, stellen Schlüsse dar, die unabhängig von ihren spezifischen Voraussetzungen zu Recht bestehen wollen. (Darin liegt ja auch ihre wenn schon nicht beabsichtigte, so doch keineswegs unfreiwillige Komik.)

Dieses Streben nach Allgemeingültigkeit situationsbedingter Erkenntnisse trat überhaupt gern zutage, wie etwa in dem lapidaren Ausspruch der Tante Jolesch:

»Ein lediger Mensch kann auch am Kanapee schlafen.«

Es handelte sich hier natürlich nicht um die Fähigkeit eines Unverheirateten, auf wenig bequemer Lagerstatt des Schlafs zu genießen, sondern um die Frage, ob man ihm das zumuten darf. Nach Ansicht der Tante Jolesch durfte man. Das Problem entstand, als zu einem der häufigen Familientage im Hause Jolesch so viele Gäste angesagt waren, daß Not an Unterkunft drohte und daß jedes halbwegs geeignete Möbelstück als Bett herhalten mußte. Und die Tante Jolesch entschied, daß diese Notbetten eher für Alleinstehende geeignet wären als für den männlichen oder gar weiblichen Teil von Ehepaaren. Ein lediger Mensch kann auch am Kanapee schlafen, ein verheirateter offenbar nicht.

Wenn nach solchen Gastereien, nach opulenten Mahlzeiten und ausgedehnten Plauderstunden im weiträumigen »Salon«, die letzten Besucher endlich verabschiedet waren, streifte die Tante Jolesch noch lange umher, rückte Fauteuils zurecht, zupfte an Tischtüchern, säuberte sie von unziemlich abgelagerten Speiseresten, von achtlos verstreuter Asche, die es auch vom Teppich wegzukehren galt, schüttelte den Kopf über die von verschüttetem Wein oder Kaffee hervorgerufenen Flecke, sammelte Zigarren- und Zigarettenstummel ein, die in manches Häkeldeckchen ein Loch gesengt hatten, und murmelte mißbilligend immer wieder:

»Ein Gast ist ein Tier.«

Sie sprach das allerdings nicht hochdeutsch aus. Sie sagte: »E Gast is e Tier.« Sie bediente sich jenes lässigen, anheimelnden, regional gefärbten Jargons, der (vom richtigen »Jiddisch« weit entfernt) noch Reste des einstmals im Ghetto gesprochenen »Judendeutsch«[5] aufbewahrte und eben darum in den nunmehr besseren Kreisen streng verpönt war oder gerade noch innerhalb der häuslichen vier Wände toleriert wurde. Seine öffentliche Pflege beschränkte sich auf die in Budapest und Wien florierenden Jargonbühnen, die noch bis 1938 über ganz hervorragende Komiker verfügten. In widerwärtig verstümmelter Form grassierte dieser Jargon in antisemitischen Witzen und tut das wohl auch heute noch. Als Verständigungsmittel ist er ausgestorben, weshalb er im folgenden ab und zu eines Kommentars bedürfen wird. Auch möchte ich gleich an dieser Stelle anmerken, daß ich bei der Wiedergabe bestimmter Redewendungen, Ausdrucksweisen und Tonfälle in hohem Maß auf das sprachliche, ja sprachmusikalische Verständnis des Lesers angewiesen bin. Ich kann hier nur die Partitur liefern; der Klang will ergänzt sein.

Verstöße gegen das Hochdeutsche und dessen Grammatik wurden übrigens nicht nur von der Tante Jolesch und ihresgleichen begangen. Wenn sie »am Kanapee« sagte statt korrekt »auf dem Kanapee«, so war das eine in vielen deutschen Dialekten übliche Sprachverschleifung, die sich zumal in Österreich eingebürgert hat und von so ernstzunehmenden Autoren wie Heimito von Doderer und seinem Schüler Herbert Eisenreich sogar im Druck beibehalten wird. Die Tante Jolesch sagte ja auch nicht »auf dem Land«, sondern »am Land«:

»Am Land kann man nicht übernachten«, lautete eine von ihr geprägte Sentenz, die mit »Land« ungefähr alles meinte, was nicht »Stadt« war, und wo es infolge zurückgebliebener Wohnkultur keine akzeptablen Nächtigungsmöglichkeiten gab. Der Begriff »Land« wäre hier sinngemäß durch »flach« zu ergänzen, bezog sich also nicht auf die vorwiegend gebirgigen Sommerfrischen (siehe diese), obwohl auch für sie die Wendung galt, daß man »aufs Land« ging – hier jedoch in positivem, durch gute Luft und Gottes freie Natur gekennzeichnetem Unterschied zur Stadt.

Das verweist uns auf eine weitere Eigenheit der Tante Jolesch, nämlich auf ihre höchst reservierte Einstellung nicht nur zum »Land«

---

5   **Jiddish** vs. **Judendeutsch**   Yiddish is a language written using Hebrew letters that is spoken by Ashkenazi Jewry; developed primarily from Middle High German but incorporates certain Slavic, Hebew, Aramic and romance components. Judendeutsch was a name applied to Yiddish at one time, but here it refers to a form of German in which Yiddish words or grammatical structures are used.

in beiderlei Sinn, sondern auch zu Städten jeglicher Art, Größe, Schönheit und Berühmtheit, ja zum Ortswechsel schlechthin. Schon die Reisevorbereitungen, mit denen man doch niemals rechtzeitig fertig wurde, widerstrebten ihr:

»Abreisen sind immer überstürzt«, sagte sie.

Und mit den Reisen als solchen wußte sie erst recht nichts anzufangen. Zwar gehörte es – ähnlich wie die Gepflogenheit, Schneider und Raseur »ins Haus« kommen zu lassen – fast unerläßlich zum guten Ton und zur gehobenen Lebenshaltung, möglichst weite und kostspielige Reisen zu unternehmen, sich mit dem Besuch möglichst vieler attraktiver Städte ausweisen zu können und durch die Berichte darüber im Bekanntenkreis möglichst viel Neid zu erwecken – aber für die Tante Jolesch hatte das alles keinen Reiz. Auch an den diesbezüglichen Gesprächen, am genießerischen Austausch von Erfahrungen und Vergleichen pflegte sie sich nicht zu beteiligen. Ein einzigesmal griff sie mit einer abschließenden Feststellung ein:

»Alle Städte sind gleich, nur Venedig is e bissele anders.«

Rein äußerlich erinnert das an eine Formulierung ungesicherten Ursprungs, als deren Schöpfer abwechselnd irgendjemandes Tante, Onkel oder Großvater auftritt und die in der Emigration häufig zitiert wurde: »Ich bin überall e bissele ungern.« Aber die Ähnlichkeit kommt übers Phonetische nicht hinaus. Wenn die beiden Aussprüche überhaupt etwas gemeinsam haben, dann höchstens einen gewissen Mangel an Fernweh. Er ist nicht entscheidend. Entscheidend, und zwar zugunsten der Tante Jolesch, ist die tiefe Skepsis allem Unbekannten gegenüber, ist die Abneigung, sich für Fremdes nur der Fremdheit halber zu begeistern, ist das gesunde Vertrauen in die eigene Wahrnehmung und das eigene Urteil, das sich von keiner Kulisse und keinem Klischee blenden läßt. (Die englische Sprache kennzeichnet diese Haltung ebenso unnachahmlich wie unübersetzbar mit »down to earth«.)

Gern würde ich der Tante Jolesche einen Ausspruch zuschreiben, den sie aus zeitlichen Gründen leider nicht getan haben kann. Es tat ihn die alte Frau Zwicker, die 1938 mit ihrer Familie nach New York emigrierte und in Riverdale, einer weit außerhalb der Stadt gelegenen Wohnsiedlung, bescheidene Unterkunft im ersten Stock eines Reihenhauses fand. Dort saß Frau Zwicker stundenlang am Fenster, sah in der Ferne die undeutlichen, dunstverhangenen Konturen der Skyline (die sie vielleicht für eine Fata Morgana[6] oder für sonst etwas Irreales hielt), sah in der Nähe den träg und schmutzig dahinfließenden Hudson, sah zum Bersten

---

6 **Fata Morgana** mirage

gefüllte Abfallkübel und streunende Katzen, hörte das Lärmen spielender Kinder und dachte an vergangene Zeiten.

Ein gleichfalls emigrierter Freund der Familie kam vorbeigeschlendert:

»Na, wie gefällt's Ihnen in New York, Frau Zwicker?« fragte er zum Fenster hinauf. Und bekam von Frau Zwicker eine Antwort, in der unmutige Verwunderung über die dumme Frage mitschwang:

»Wie soll es mir gefallen am Balkan?«[7]

Das könnte wahrlich auch die Tante Jolesch gesagt haben. Aber sie hat um diese Zeit nicht mehr gelebt.

Sie ist 1932 gestorben, friedlich und schmerzlos, von Ärzten betreut, von der Familie umsorgt, zu Hause und im Bett – wie damals noch gestorben wurde (und wie es bald darauf so manchem ihrer Angehörigen nicht mehr vergönnt war).

Kurz vor dem Ende offenbarte sich ihr Charakter und ihre Lebensweisheit in einem letzten Ausspruch, mit dem sie das Geheimnis ihrer weithin berühmten Kochkunst preisgab – und zu dem eine in jeder Hinsicht passende Vor-Geschichte gehört.

Gleich allen wahren Köchinnen, die ihre Kunst im häuslichen Gehege ausübten – es wird von ihnen noch die Rede sein – , war auch die Tante Jolesch ausschließlich auf die Genußfreude und das Wohlbehagen derer bedacht, denen sie ihre makellos erlesenen Gerichte auftischte. Es sollte den anderen munden, nicht ihr. Sie selbst begnügte sich damit, ihren Hunger zu stillen. Als man sie einmal nach ihrer Lieblingsspeise fragte, wußte sie keine Antwort. »Aber du mußt doch schon draufgekommen sein, was dir am besten schmeckt«, beharrte der Frager.

Nein, um solche Sachen kümmere sie sich nicht, replizierte ebenso beharrlich die Tante Jolesch (wobei sie in Wahrheit nicht »Sachen« sagte, sondern »Narreteien« und genau genommen »Narrischkaten«).

Der Wißbegierige ließ nicht locker und spitzte nach einigem Hin und Her seine Frage vermeintlich unentrinnbar zu:

»Also stell dir einmal vor, Tante – Gott behüte, daß es passiert – aber nehmen wir an: du sitzt im Gasthaus und weißt, daß du nur noch eine halbe Stunde zu leben hast. Was bestellst du dir?«

»Etwas Fertiges«, sagte die Tante Jolesch.

Wäre es nach den Verehrern ihrer Kochkunst gegangen, dann hätte sie

---

7   **"Am Balkan"**   New York and its polyglot makeup seemed to her like the Balkans which were also made up of many peoples with different backgrounds. It could also be a disdainful way to view New York in contrast to Vienna.

sich als Abschiedsmahl ihre eigenen »Krautfleckerln« zubereiten müssen, jene köstliche, aus kleingeschnittenen Teigbändern und kleingehacktem Kraut zurechtgebackene »Mehlspeis«, die je nachdem zum Süßlichen oder Pikanten hin nuanciert werden konnte: in der ungarischen Reichshälfte bestreute man sie mit Staubzucker, in der österreichischen mit Pfeffer und Salz. Krautfleckerln weren die berühmteste under den Meisterkreationen der Tante Jolesch. Wenn es ruchbar wurde, daß die Tante Jolesch für nächsten Sonntag Krautfleckerln plante – und es wurde unweigerlich ruchbar, es sprach sich unter der ganzen Verwandtschaft, wo immer sie hausen mochte, auf geheimnisvollen Wegen herum, nach Brünn[8] und Prag und Wien und Budapest und (vielleicht mittels Buschtrommel) bis in die entlegensten Winkel der Puszta[9] – , dann setzte aus allen Himmelsrichtungen ein Strom von Krautfleckerl-Liebhabern ein, die unterwegs nicht Speise noch Trank zu sich nahmen, denn ihren Hunger sparten sie sich für die Krautfleckerln auf und den Durst löschte ihnen das Wasser, das ihnen in Vorahnung des kommenden Genusses im Mund zusammenlief. Und ein Genuß war's jedesmal aufs neue, ein noch nie dagewesener Genuß.

Jahrelang versuchte man der Tante Jolesch unter allen möglichen Listen und Tücken das Rezept ihrer unvergleichlichen Schöpfung herauszulocken. Umsonst. Sie gab's nicht her. Und da sie mit der Zeit sogar recht ungehalten wurde, wenn man auf sie eindrang, ließ man es bleiben.

Und dann also nahte für die Tante Jolesch das Ende heran, ihre Uhr war abgelaufen, die Familie hatte sich um das Sterbelager versammelt, in die gedrückte Stille klangen murmelnde Gebete und verhaltenes Schluchzen, sonst nichts. Die Tante Jolesch lag reglos in den Kissen. Noch atmete sie.

Da faßte sich ihre Lieblingsnichte Louise ein Herz und trat vor. Aus verschnürter Kehle, aber darum nicht minder dringlich kamen ihre Worte:

»Tante – ins Grab kannst du das Rezept ja doch nicht mitnehmen. Willst du es uns nicht hinterlassen? Willst du uns nicht endlich sagen, wieso deine Krautfleckerln immer so gut waren?«

Die Tante Jolesch richtete sich mit letzter Kraft ein wenig auf:

»Weil ich nie genug gemacht hab…«

Sprach's, lächelte und verschied.

Damit glaube ich alles berichtet zu haben, was ich zur Ehre ihres Andenkens zu berichten weiß.

---

8   **Brünn [Brno]**   large city in southeastern Czech Republic
9   **Puszta**   vast flatlands of Hungary

Ein kleiner Nachtrag noch, der diesem Andenken keinen Abbruch tun wird: die Tante Jolesch war nicht schön. Zwar drückten sich Güte, Wärme und Klugheit in ihrem Gesicht zu deutlich aus, als daß sie häßlich gewirkt hätte, aber schön war sie nicht. Tanten ihrer Art waren überhaupt nicht schön. Ein Onkel meines Freundes Robert Pick hatte etwas so Häßliches zur Frau genommen, daß sein Neffe ihn eines Tags geradeheraus fragte: »Onkel, warum hast du die Tante Mathilde eigentlich geheiratet?« Der Onkel dachte eine Weile nach, dann zuckte er die Achseln: »Sie war *da*«, sagte er entschuldigend.

Von solch exzessiver Häßlichkeit konnte bei der Tante Jolesch nun freilich keine Rede sein, und sie ihrerseits hat nach »schön« oder »häßlich« erst gar nicht gefragt, für sie fiel das unter den gleichen Begriff von »Narrischkeiten« wie die Frage nach ihrer Lieblingsspeise. Sie war davon durchdrungen, daß man derlei Äußerlichkeiten nicht wichtig zu nehmen hatte, und wer das dennoch tat, setzte sich ihrem Tadel, wo nicht gar ihrer Verachtung aus. Als einer ihrer Neffen auf Freiersfüßen ging und zum Lob seiner Auserwählten nichts weiter vorzubringen hatte als deren Schönheit, bedachte ihn die Tante Jolesch mit einer galligen Zurechtweisung: »Schön ist sie? No und? Schönheit kann man mit *einer* Hand zudecken!«

Nein, sie hielt nicht viel von Schönheit, bei Frauen nicht und schon gar nicht bei Männern. Und so schließe denn dieses Kapitel mit einem Ausspruch, der die Tante Jolesch nicht nur in sprachlicher Hinsicht auf dem Höhepunkt ihrer Formulierungskraft zeigt:

»Was ein Mann schöner is wie ein Aff, is ein Luxus.«

Damit kommen wir zu einem wichtigen sprachtheoretischen Exkurs.

Wortschatz

der Abfallkübel	garbage can	markant	salient, prominent
Abbruch tun	impair, prejudice	die Mehlspeise	a Hungarian/
der Ausspruch	saying, remark		Austrian dessert
ausweisen	to expel, banish	die Partitur	(music) score
beharren	to persist	ruchbar werden	to become known,
Beherzigenswertes	something worth		get around
	remembering	überstürzen	to act rashly
der Behuf	purpose	umsonst	for nothing
das Fauteuil	(Austrian) easy	der Verehrer	admirer
	chair	vergönnen	to allow, grant
die Floskel	empty phrase	verhätschelt	coddled,
die Gasterei	feast		pampered
die Gepflogenheit	habit, custom	verpönt	taboo(ed)
heil	intact	verschnürt	tied/laced up
die Krautfleckerl	traditional	verstoßen gegen	to violate
	Hungarian		
	cabbage noodles		

EDGAR HILSENRATH

Das verschwundene Schtetl

1. How does Hilsenrath mediate between the present and the past?
2. What is your understanding of the narrator's *Shtetl* based on the text?
3. How is Hilsenrath's depiction of Jewish life in the *Shtetl* different from Torberg's depiction of Jewish life in Vienna?

Niemand auf der ganzen Welt konnte so laut schnarchen wie mein Großvater Schloime, weder Sindbad, der große Goy[1] und Seeräuber, noch Tevje, der Milchmann; auch Gregory, unser Stallknecht, konnte das nicht oder Veronja, unser Dienstmädchen, das auf der Küchenbank schlief, und auch Lasar, der Wasserträger, war kein wirklicher Schnarchmeister, Lasar, der ein bißchen blöd war und auch faul und den ich mal schnarchend hinter dem Ziehbrunnen erwischt hatte.

Wenn Großvater Schloime zu schnarchen anfing, erwachte das ganze jüdische Schtetl. Die Kettenhunde fingen zu bellen an, die Katzen schrien und miauten und huschten ängstlich durch Zaunlücken auf die Schlammstraße, um irgendwo zu verschwinden. Hühner, Enten und Gänse gackerten und schnatterten verstört durcheinander, und sogar die Vögel auf den Bäumen erwachten erschrocken und wären sicher tot auf die Erde gefallen, wenn der liebe Gott das gewollt hätte. Überall in den Hütten der Juden und in den weißgekachelten und bunten Häusern wachten die Leute auf und zündeten die Öllämpchen und die Petroleumlampen an, sogar im Haus des Rabbiners.

Ich kann es wirklich sehen. Da ist er schon, der Rabbiner. Er steckt den weißen Bart zum Fenster raus und sagt zu seinem ältesten Enkel Moischele: »Das hört sich wie ein Gewitter an.«

»Ist aber keines, Sede«[2], sagt das älteste Enkelkind des Rabbiners. »Das ist bloß der alte Schloime – du weißt doch: der Großvater von den

---

1   **Goy/Goj, pl. Gojim**   (Yiddish) non-Jew
2   **Sede**   grandfather (Yiddish)

beiden Jungen, die vor dem Hitler geflüchtet sind und jetzt in unserem Schtetl wohnen.«

»Ach ja«, sagte der Rabbiner. »Der Hitler und das Gewitter vom alten Schloime. Das wird es wohl sein. Sag, Sede, warum schnarcht der alte Schloime so laut?«

»Weil er auf dem Rücken schläft, Moischele.«

»Und warum liegt er auf dem Rücken?«

»Weil er nicht auf dem Bauch liegt.«

»Und warum liegt er nicht auf dem Bauch?«

»Ich weiß es nicht, Moischele, aber ich glaube, das hat was mit den drei Daunenkissen zu tun, die ihm seine älteste Tochter vor dem Schlafengehen unter den Rücken bettet.«

»Ist der alte Schloime ein Osterjude?«

»Wie meinst du das, Moischele?«

»Nun, Sede, ich meine: Zu Ostern bettet ein guter Jude sich drei Kissen unter den Rücken.«

»So ist es, Moischele.«

»Dann ist bei dem alten Schloime jede Nacht Ostern?«

»Richtig, Moischele.«

Es ist wie ein Märchen. Und es stimmt auch nicht. Denn sicher hätte unser Rabbiner das Wort »Ostern« nie in den Mund genommen. Ostern gibt es gar nicht, wenigstens nicht für den gläubigen Juden. Bei uns heißt das »Pessach«, ein Fest, das um die Osterzeit fällt, das Fest nämlich, das wir Juden zum Andenken an den Auszug der Kinder Israels aus Ägypten feiern. Es stimmt auch nicht, daß ein Jude sich zu Pessach[3] drei Daunenkissen unter den Rücken bettet. Denn es können auch vier sein oder nur zwei, vielleicht auch nur eines. Und er bettet die dicken Kissen auch nicht unter, sondern hinter seinen Rücken, beim rituellen Pessach-Abendmahl nämlich und nicht nachts im Bett.

Ich erinnere mich: Einmal wachte ich wirklich nachts vom Geschnarche des Großvaters auf. Der Mond schien ins Zimmer. Es war eine helle Nacht. Ich schlich im Nachthemd zum Bett des Großvaters, kitzelte seine Glatze, zupfte ihn an der Nase und hustete. Großvater hörte sekundenlang zu schnarchen auf, schien sich zu verschlucken, röchelte, schlug plötzlich die Augen auf – kleine, wasserblaue – guckte mich an, fragte: »Ist was?« und schlief weiter.

Einmal fragte ich meine Mutter: »Warum schläft Großvater eigentlich in meinem Zimmer?«

---

3 **Pessach**   Passover: Festival of freedom in remembrance of the Jews' exodus from Egypt

»Weil er nicht mehr im Schlafzimmer schlafen will, seitdem die Oma tot ist.«

»Ist das Ehebett jetzt zu groß?«

»Ja.«

»Es kann aber doch nicht gewachsen sein.«

»Nun, das ist eben so.«

Früher pflegte die Großmutter am Sabbatabend die Kerzen anzuzünden. Seit ihrem Tod machte das meine Mutter. Beim Anzünden der Sabbatkerzen herrschte feierliche Stille im Wohnzimmer. Als wäre das gestern gewesen, so sehe ich meine Mutter vor mir, das Haupt verhüllt, beide Hände beschwörend über den Sabbatkerzen. Sie spricht das Gebet mit geschlossenen Augen. Es ist sehr still im Wohnzimmer. Draußen vor der Tür lauert das Dienstmädchen Veronja. Kaum ist meine Mutter mit dem Segensspruch fertig, da kommt Veronja schon herein, nimmt die Leuchter vom Tisch, stellt sie auf die große Kommode, holt eine frische Tischdecke, deckt dann den Tisch fürs Sabbatmahl, zuletzt stellt sie die Leuchter zurück.

Beim Sabbatmahl ist die ganze Familie versammelt. Großvater spricht den Segensspruch über den Wein: »Gelobt seist du, Ewiger, unser Gott, König der Welt, der die Weinrebe wachsen ließ.« Dann den über das Brot, der so ähnlich ist: »Gelobt seist du, Ewiger, unser Gott, König der Welt, der uns das Brot der Erde gegeben hat.«

»Großvater, warum hebt ein Jude am Sabbat das Weinglas und macht einen Segensspruch?«

»Ich weiß es nicht, mein Täubchen. Es ist eben so. Mein Vater hat es so gemacht. Und auch mein Großvater. Alle haben es so gemacht.«

»Ist der liebe Gott ein Weintrinker?«

»Ich glaube, ja.«

»Trinkt er sehr viel?«

»Ich glaube nicht. Gott macht alles mit Maß. Auch der Mensch soll alles mit Maß machen.«

»Und wie ist es mit dem Segensspruch über das Brot?«

»Es ist so ähnlich.«

»Warum segnet ein Jude sein Brot und nicht auch seine Lakritzstangen? Lakritze schmecken doch besser.«

»Das weiß ich nicht, mein Täubchen. Aber möglicherweise gab es damals, als die Gebete erfunden wurden, noch keine Lakritzstangen.«

»Gab es damals schon Brot?«

»Ja, Brot hat es schon immer gegeben.«

Am Sabbat wirkte das ganze Schtetl feierlich. Man sah weder

Pferdekutschen noch andere Fahrzeuge auf den Straßen, denn am Sabbat durften Juden nicht fahren. Vieles war am Sabbat verboten. Man trug kein Geld bei sich und sollte auch nicht mehr als tausend Schritte tun. Nicht mal Feuer im Herd durften die Juden am Sabbat machen. Das durften nur die Gojim. Bei uns machte Veronja das Feuer. Am Sabbat durfte auch nicht geraucht werden, man machte keine Musik und man spielte keine Karten. Alle normalen Arbeiten ruhten am Sabbat. Wir Jungen durften am Sabbat nicht mal Fußball spielen. Auch unser Pony blieb am Sabbat im Stall, und wir durften an diesem Tag nicht reiten, denn nicht nur der Mensch, auch das Tier sollte am Sabbat ausruhen.

Als kleiner Junge stand ich oft abends auf dem Balkon. Da das Haus meines Großvaters auf einer Anhöhe stand, konnte ich das ganze Schtetl überblicken. Wenn die Öllämpchen und Petroleumlampen angezündet wurden, ertönte Musik. Aber das war nichts Besonderes. Es waren nur die Zigeuner, die allabendlich auf einer kleinen Wolke über das Schtetl schwebten und uns mit ihren Geigen aufspielten, Zigeunerweisen und alte jüdische Volkslieder. Ich hörte ihnen lange zu, so lange, bis ich schläfrig wurde und zu Bett ging. Deshalb schlief ich damals so friedlich. Niemand konnte mich aufwecken, höchstens mal Opa Schloime, wenn er allzulaut schnarchte.

Und weil das so lange her ist, ist es ein Märchen. Es ist wahr und es ist nicht wahr. Das Schtetl ist verschwunden mitsamt seinen Juden. Die meisten sind im Holocaust verschwunden, die anderen sind ausgewandert. Ich lebe noch. Und ich kehre jetzt zurück.

Warum kehrt man nach vierundvierzig Jahren Abwesenheit an die Stätte seiner Kindheit zurück, obwohl man weiß, daß man nichts mehr vorfinden wird, höchstens Spuren. Was soll das? Bin ich ein Masochist? Will ich mich quälen?

Es ist also entschieden. Ich kehre zurück. Das rumänische Visum ist längst in den Paß gestempelt. Man hatte es mir im Reisebüro gesagt: »Rumänisches Geld dürfen Sie nicht mitnehmen. Nur Westwährung. Drüben müssen Sie alles zum legalen Kurs umtauschen. In Ihrem Hotel kriegen Sie alles. Auch Kaffee.« – Ja, Lebensmittel sind knapp in Rumänien. Angeblich gibt es nicht mal Milch und Butter. Auch keinen Magerquark, den ich für meine Diät brauche. Ich frage den Mann im Reisebüro: »Wie ist es mit frischem Magerquark?«

»Na, Sie haben Nerven«, sagt er.

»Und wie ist es mit Diätschokolade?«

»Diätschokolade?«

»Ja.«

»Die haben nicht mal Toilettenpapier. Und Sie fragen nach Diätschokolade.«

»Toilettenpapier? Wie ist es damit?«

»Sie können welches mitnehmen«, sagt der Reisevermittler. »Oder Sie stecken sich zusätzlich Tempotaschentücher ein. Die brauchen weniger Platz im Koffer.«

Nein. Es gab keine Schwierigkeiten. Ich erklärte dem Mann im Reisebüro, daß ich nach Sereth wollte, einer kleinen jüdischen Stadt ohne Juden, dicht an der russischen Grenze. Ich erfahre, daß es dort keine Hotels für Touristen gibt.

»Und wo gibt es Hotels für Touristen?«

»In Bukarest«[4], sagt er. »Auch in anderen größeren Städten.«

»Gibt es irgendwas in der Nähe von Sereth?«

»In Suceava«, sagt er. »Das ist circa fünfunddreißig Kilometer von Sereth entfernt. Übrigens: Sereth steht nicht auf der Landkarte. Sie meinen sicher Siret.«

»Siret«, sage ich, »das ist der neue Name.«

»Also wollen Sie eins in Suceava?«

»Ja«, sage ich. »Suceava.«[5]

Nein, es war alles gar nicht so kompliziert. Die Autobusfahrt von West-Berlin nach Schönefeld. DDR-Paßkontrolle. Warten. Ein paar Fragen. Nichts Besonderes. Nicht mal ein spöttischer Blick des Beamten. Dabei müßte er mich eigentlich fragen: Na so was. Was wollen Sie in Suceava? Sogar für uns ist das der Arsch der Welt.

Und nun sitze ich in einem sowjetischen Flugzeug. Neben mir sitzen mein Bruder und meine Freundin Marianne. Natürlich: Ich fahre nicht allein. Es ist leichter zu dritt. Mit weniger Angst verbunden. Mein Bruder wohnt in Amerika, und er ist extra nach West-Berlin gekommen, um die gemeinsame Reise zu machen. Wohin? In die Vergangenheit. Ja, es ist auch seine Kindheit. Die Kindheit im Schtetl. Wir waren immer zusammen. Damals. – Und auch Marianne wollte mit. Ich habe ihr viel von Sereth erzählt, und sie kennt alle Straßen und Gassen von Sereth, auch das Haus meines Großvaters. Sie weiß, wer Veronja war, unser Dienstmädchen. Ich habe ihr von der Küchenbank erzählt, auf der Veronja schlief, und vom Stallburschen Gregory und dem Wasserträger Lasar. Und von den vielen Juden im Schtetl, von den glattrasierten und denen mit Bärten, vom Rabbiner und seinen Enkeln, vom Wochenmarkt, von den ukrainischen und rumänischen Bauern, die auf dem Wochenmarkt ihre

---

4 **Bukarest** capital of Hungary
5 **Suceava** city in northeastern Romania

Waren ausstellten und mit den Juden um jedes Ei feilschten, jede Henne und jeden Sack Mais, den sie Kururuz nannten. Auch von den Zigeunern habe ich Marianne erzählt, von den wirklichen in den jüdischen Kneipen und denen, die uns bei Hochzeiten aufspielten. Aber auch von den anderen Zigeunern, die jeden Abend auf einer kleinen Wolke über das Schtetl schwebten und uns mit ihren Zaubergeigen in den Schlaf wiegten.

Bukarest ist so heiß wie ein Backofen. Natürlich. Es ist August. Ich hätte es wissen müssen. Am Flughafen die üblichen Formalitäten der Ostblockländer: Paßkontrolle, Nachweis eines Hotels und der Beweis, daß wir die Zimmer im voraus bezahlt haben, Nachweise und Nachweise, zum Beispiel, daß wir Devisen zum offiziellen Kurs von einer D-Mark zu neun rumänischen Lei umgetauscht hatten, alles o. k., keine Schwierigkeiten, zuletzt die Gepäckkontrolle, lange Schlangen, mürrische Beamte. Die Koffer der Rumänen werden gründlich durchsucht, unsere nicht. Man hatte uns gesagt, daß wir dem Zollbeamten eine Schachtel Kent-Zigaretten zustecken sollten, machen wir aber nicht.

Wir haben im Flughafen ein Auto gemietet, kleiner Dacia, rumänische Fabrikation. Mein Bruder überprüft den Wagen. Er sagt nur: »Wenn wir Glück haben, schaffen wir es mit dem Klapperkasten bis Sereth und zurück.« Er ist aber nicht sicher. Wir fahren zum Hotel, parken den Wagen, geben unsere Reisepässe beim Portier ab, bekommen zwei Zimmer zugewiesen, eines für meinen Bruder, eines für Marianne und mich.

Der Portier spricht Englisch. Er sagt: »Sie bleiben also nur eine Nacht?«

»Wir fahren morgen nach Suceava«, sage ich.

»Suceava?«

»Ja.«

Ich hätte gern zu ihm gesagt: Eigentlich wollen wir nach Sereth, aber dort gibt es keine Hotels für Touristen, wissen Sie – Suceava liegt in der Nähe. – Und ich hätte ihn gern gefragt: Wußten Sie, daß Sereth vor dem Holocaust eine jüdische Kleinstadt war, das typische Schtetl? Es gab mal viele von diesen kleinen Städtchen und Marktflecken in Osteuropa, die so jüdisch geprägt waren wie das Bild von Chagall[6] mit dem Geiger auf dem Dach. Und haben Sie mal Schalom Alechem gelesen und die Sache von Tevje[7], dem Milchmann? So ähnlich war Sereth. Aber die Juden sind verschwunden. Können Sie sich das vorstellen? Sie sind einfach nicht

---

6   **"Geiger auf dem Dach"**   famous painting by Jewish artist Marc Chagall, inspiration for title of "Fiddler on the Roof"

7   **Tevje der Milchmann**   character created by famous Yiddish Sholom Aleichem, later main character of musical "Fiddler on the Roof"

mehr da. Es ist so, als hätte sich alles, was einmal war, in Luft aufgelöst. – Aber ich sage nichts.

Am späten Nachmittag schlendern wir durch Bukarest. Die Stadt wirkt auf mich wie ein Trümmerfeld ohne Trümmer, teilweise ausradiert vom großen Diktator, und schnell wieder aufgebaut, lieblos und menschenfeindlich. Ich kann die alten Stadtviertel nicht mehr finden. Betonkästen überall, große Transparente an neuen Häusern und hoch über den Verkehrsstraßen, Transparente mit dummen Sprüchen und dem Bild des ›Großen Bruders‹. Irgendwie entdecken wir die alte Prachtstraße, die Calea Victorei, streckenweise intakt, aber sie sieht so müde aus wie eine hundertjährige Jungfrau, die von schlechten Kosmetikern mal rasch bepinselt worden ist. In den Geschäften gibt es nichts zu kaufen oder fast nichts. Die wenigen Restaurants schließen, wenn die Sonne untergeht. In eines treten wir ein. Die mürrische Kellnerin sagt uns, daß es zwar eine Speisekarte gibt, aber nur ein Einheitsgericht serviert wird, ob man es will oder nicht.

»Und das soll die schönste Stadt der Welt sein?« sagt meine Freundin Marianne.

»Die schönste Stadt der Welt ist Sereth«, sage ich, »oder es war wenigstens mal so, das weiß doch jeder.«

»Und die zweitschönste?«

»Czernowitz – damals eine Hochburg deutscher und jüdischer Kultur, die Stadt der Rose Ausländer[8] und Paul Celans[9] – und stell dir vor: nur 40 Kilometer von Sereth entfernt. Aber die Stadt gehört heute den Russen.«

»Und Bukarest?«

»Bukarest war vor dem Krieg, als ich es kennenlernte, auch nicht übel. Die Rumänen nannten ihre Hauptstadt damals Klein-Paris.«

»Armes Paris«, sagt Marianne.

Am nächsten Morgen verließen wir Klein-Paris. Auf der Landstraße nach Siebenbürgen begrüßt uns der ›Große Bruder‹ an jeder Kreuzung. Er scheint es besonders auf mich abgesehen zu haben, denn er blickt mir vom Transparent direkt in die Augen. Ich kann hören, wie er zu mir sagt: »Paß auf, Junge. Mach keine Dummheiten. Das Auge des ›Großen Bruders‹ ist wachsam. Es lebe der Kommunismus.«

»Es lebe der Kommunismus«, sage ich zu Marianne.

Marianne blickt mich erstaunt an. Auch mein Bruder am Steuer wirft mir einen kritischen Blick zu.

---

8 **Rose Ausländer** Jewish poet 1901-1988
9 **Paul Celan** Jewish poet 1920-1970

»Wir sollten kein Geld auf dem schwarzen Markt wechseln«, sagt mein Bruder. »Es ist zu gefährlich.«

»Man kriegt das Zehnfache auf dem schwarzen Markt«, sage ich.

»Im Hotel hat mich so'n Typ angesprochen, aber ich habe es nicht gemacht. Es war sicher ein Polizeispitzel.«

»Ja«, sagt mein Bruder. »Ich habe auch so manches gehört.«

»Was denn?«

»Die Schwarzhändler geben dir in Eile ein großes Geldpaket und wenn du es aufmachst, entdeckst du, daß oben zwar echte Geldscheine draufliegen, aber darunter ist alles nur Zeitungspapier, hübsch zurechtgeschnitten.«

»Was du nicht sagst?«

»Ja.«

Da der kürzere Weg nach Sereth nicht über Siebenbürgen führt und weil es zu umständlich gewesen wäre, durch die Karpaten zu fahren, deshalb biegen wir ab und fahren auf der schmalen Landstraße am Rande der Karpaten bis Bacau. Dort übernachten wir. Am nächsten Morgen geht es weiter. Am Abend kommen wir in Suceava an, einer kleinen rumänischen Stadt, die, wie man uns sagt, eine Kreisstadt ist. Das Hotel ist neu und bequem.

»Sie wollen sicher die Klöster in der Umgebung von Suceava besuchen?« fragt der Portier.

»Ja, die ganz besonders.«

»Wir haben hier viele Touristen«, sagt der Portier. »Und alle kommen nur hierher, um die Klöster zu besuchen.«

»Ja«, sage ich.

»Die Klöster sind weltberühmt«, sagt der Portier. »Das wissen auch die Reisebüros im kapitalistischen Westen.«

»Ja«, sage ich.

»Sind Sie extra aus Westdeutschland hierhergekommen, um die alten Klöster zu sehen?«

»Selbstverständlich«, sage ich.

Morgen werde ich in Sereth sein. Morgen sehe ich sie alle wieder, alle, die im Holocaust verschwunden sind und auch die anderen, die zufällig überlebt haben, aber nicht mehr dort sind.

Morgen. Es wäre ja gelacht. In einer halben Stunde sind wir mit dem Auto dort. Wir werden früh aufbrechen. Und wir werden in Sereth ankommen, wenn die Sonne noch schräg über dem Haus meines Großvaters steht. Sicher wird Großvater auf dem Balkon stehen und mich schon von weitem sehen. Und auch meinen Bruder. Und auch Marianne, die er noch gar nicht kennt.

In dieser letzten Nacht schlafe ich unruhig, aber glücklich. Ich habe gerade meine »Bar Mitzwa« gefeiert und bin dreizehn Jahre alt. Bar Mitzwa heißt auf deutsch: Sohn der guten Tat. Es ist was Ähnliches wie bei den Christen die Konfirmation, obwohl das nicht stimmt, weil es mit Jesus nichts zu tun hat. Die frommen Juden nehmen die Bar Mitzwa sehr ernst, denn von diesem Tage an trägt der Jude die volle Verantwortung vor Gott und den Menschen. Seine Sünden werden gezählt und auch seine guten Taten. Mit dreizehn ist er ein Mann. Er darf heiraten – er soll es sogar – und, so Gott will, viele Kinder zeugen. Denn es steht ja geschrieben: »Seid fruchtbar und mehret Euch.«

Ich stehe in der kleinen Synagoge von Sereth neben meinem Großvater. Ich bin dreizehn und ich bete schon richtig mit – so wie die anderen Erwachsenen, – obwohl ich Beten ziemlich langweilig finde und lieber Fußball gespielt hätte. Ich bete aber, um Großvater nicht zu verärgern, denn Großvater Schloime ist fest überzeugt, daß Gebete den lieben Gott umstimmen könnten, der – wie man ja weiß – die Juden seit 2000 Jahren ziellos herumwandern läßt. Während der Gebetspausen höre ich es hinter mir zischeln. Ich schiele über meine Schulter und sehe, wie ein alter Mann auf der Bank hinter mir mit dem Finger auf mich zeigt. Und ich höre, was er zu seinem Nebenmann sagt:

»Sehen Sie diesen Jungen. Er ist der Enkel des alten Schloime. Und wissen Sie, woher er kommt?«

»Nein, das weiß ich nicht.«

»Er kommt aus Deutschland.«

»Was Sie nicht sagen. Von so weit?«

»Er ist nämlich vor dem Hitler geflüchtet.«

»Vor dem Hitler?«

»Ja.«

»Den Hitler soll doch der Schlag treffen!«

»Sehr richtig.«

»Ich wünsche ihm nur das Beste.«

»Wem? Dem Jungen?«

»Nein, dem Hitler.«

»Was wünschen Sie ihm denn?«

»Nur das Beste eben.«

»Wie meinen Sie das?«

»Nun, wie soll ich's meinen. Ich meine: Er möge wie eine Zwiebel wachsen.«

»Wie eine Zwiebel?«

»Ja.«

»Wie denn?«

»Nun wie schon. Mit dem Kopf in der Erde. Ersticken soll dieser Hund, der verfluchte.«

»Etwa der Junge?«

»Nein, doch nicht der. Den Hitler mein' ich.«

Ich habe noch nie so viele Juden auf einem Haufen gesehen. In der kleinen osteuropäischen Stadt schien es nur Juden zu geben. Sie gingen schnell über die Straßen oder sie standen vor den Häusern herum und schwatzten. Alle Geschäfte gehörten Juden oder fast alle. Auf der sogenannten »Promenade« flanierten junge Juden in der Abenddämmerung auf und ab. Dort war auch der jüdische Heiratsmarkt. Man brauchte nur im Kaffeehaus zu sitzen und die Mädchen anzugucken, die auf- und abflanierten, nie alleine, immer mit einer Freundin oder mehreren. Ich war dreizehn. Mit dreizehn ist man ein Mann. Die älteren Jungen nahmen mich allabendlich auf die Promenade mit oder auf den Heiratsmarkt.

Mir gefielen besonders die Brüste Rebeccas, dem Mädchen von nebenan. Ich sah sie öfter vom Balkon vom Hause meines Großvaters, aber sie schwirrte immer so schnell unter dem Balkon vorbei, daß ich kaum Zeit hatte, sie richtig zu begucken. Anders war das beim Baden unten am Fluß oder allabendlich auf der Promenade. Am Badestrand hockten wir Jungen in ihrer Nähe und bestaunten sie, und abends auf der Promenade gingen wir ihr einfach hinterher. Wir scherzten oder sagten irgend etwas, um sie zum Lachen zu bringen. Aber keiner von uns wagte, sie zu berühren. Dabei wäre es doch so einfach gewesen, sie mal leicht anzurempeln oder sie beim Flanieren am Arm zu packen. Einfach so.

»Ich habe nur noch einen einzigen Wunsch im Leben«, sagte ich zu meinem besten Freund Isu Schächter.

»Und der wäre?«

»Ich möchte Rebecca mal bei den Titten packen.«

»Aber das kann doch wohl nicht dein Ernst sein.«

»Doch. Es ist so. Einmal anpacken und dann sterben.«

»Aber das geht doch nicht. Rebecca ist eine keusche Jungfrau. Niemand auf der ganzen Welt hat sie jemals geküßt oder gar so etwas Häßliches getan.«

»Glaubst du?«

»Da bin ich ganz sicher.«

Ich frage den Enkel des Rabbiners: »Sag mal, Moischele. Wie packt man jemanden an, ohne daß er es merkt?«

»Woher soll ich das wissen?«

»Aber du bist doch der Enkel des großen Rabbis.«

»Eigentlich ja.« Moischele überlegte. Man sah's ihm an, wie er angestrengt nachdachte. Dann schien der Geist des großen Rabbis ihn zu erleuchten.

»Ich hab's«, sagte Moischele. »Man muß die betreffende Person eben so ablenken, daß sie nichts merkt, nicht mal, daß man sie irgendwo anpackt.«

Wir versuchten, Rebecca abzulenken, mit allen möglichen Späßen. Aber das nützte nichts. Niemand konnte Rebecca wirklich ablenken. Erst am Badestrand hatte ich den Einfall des Jahrhunderts.

Es gab wirklich einen Badestrand in der kleinen jüdischen Stadt. Sogar mit einem Kaffeehaus und einem Tennis- und Fußballplatz. Der Fluß kam aus den Karpaten und sein Wasser war so sauber, daß die Pferde daraus trinken konnten. Mein Großvater hatte mir und meinem Bruder ein Pony gekauft, als wir noch jünger waren. Meistens ritt ich mit dem Pony bis zur Brücke, die über den Serethfluß führte, nämlich zu der Landstraße am anderen Flußufer, wo der bekannte Wegweiser stand: vierzig Kilometer nach Czernowitz. Natürlich ritt ich nicht nach Czernowitz[10], sondern bloß am andern Flußufer entlang, bis ich sicher war, daß mich Rebecca vom Badestrand aus sehen konnte. Dann trieb ich das Pony an einer flachen Uferstelle ins Wasser, ließ es sogar ein bißchen springen, damit es gefährlich aussah und schwamm dann auf dem Rücken des Ponys an Rebecca vorbei. Sie tat zwar immer so, als hätte sie das gar nicht bemerkt, aber es war ihr natürlich aufgefallen.

Wieder am richtigen Ufer, fragte ich sie:

»Willst du's nicht auch mal probieren?«

»Du meinst…mit dem Pony im Wasser schwimmen?«

»Ja«, sagte ich.

»So was würde ich nie machen«, sagte Rebecca. »Stell dir vor, ich würde runterfallen und dann ertrinken.«

»Kannst du nicht schwimmen?«

»Nein, das kann ich nicht.«

»Ich könnte es dir beibringen.«

»Wirklich?«

»Ja.«

Ich gab Rebecca zuerst theoretischen Schwimmunterricht. Dann gingen wir zusammen ins Wasser.

»Paß auf«, sagte ich. »Das ist sehr einfach. Du machst jetzt im Wasser, was ich dir theoretisch gezeigt hab'.«

»Und wenn ich untergeh'?«

---

10 **Czernowitz** capital of Bukowina, and a Jewish cultural center

»Nein. Du gehst nicht unter. Du brauchst dich bloß auf meine Arme zu legen. Dir kann nichts passieren. Wirklich nicht.«

Während des praktischen Schwimmunterrichts guckten meine Freunde gespannt zu. Sie schlossen Wetten ab. Die einen sagten, er schafft es nie, sie bei den Brüsten zu packen, nicht mal im Wasser. Die anderen sagten: Doch, der schafft es. Er kommt ja aus Deutschland und war sicher bei der Hitlerjugend. Der weiß, wie man's macht.

Ich habe nie gewagt, Rebeccas Brüste zu berühren. Auch nicht im Wasser. Aber das sagte ich meinen Freunden nicht. Es gab nämlich Gesprächsstoff für viele Wochen, den ganzen Sommer 1939. Und jeden Tag mußte ich meinen Freunden lang und breit erzählen, wie es war, wie sich die Brüste angefühlt hatten und wie entzückt Rebecca war, weil ich's gewagt hatte.

Wir hatten zwei zionistische Vereine im Schtetl, die rechtsradikalen Betaristen[11] und die linksliberalen vom Hanoar-Hazioni.[12] Eigentlich zog es mich zu den Rechtsradikalen, denn ich träumte von einer großen jüdischen Armee, die dem Hitler eins aufs Dach klopfen würde. Ich sah mich selbst als jüdischen General. Später, nach dem Sieg über Hitler, würden wir unsere siegreichen Truppen nach Palästina verlegen, die Engländer zum Teufel jagen und das Heilige Land, das uns der liebe Gott persönlich und für alle Zeiten geschenkt hatte, wieder rechtmäßig in Besitz nehmen. Es kam aber anders. Da meine Freunde alle Linke waren, trat ich bei den linken Zionisten ein und wurde sogar später, mit vierzehn, Gruppenführer.

Mit den Zionisten hatte ich keine Schwierigkeiten. Das einzige Problem waren meine kurzen Hosen. Kein Junge trug in Sereth mit vierzehn noch kurze Hosen, und auf keinen Fall so enge wie ich.

»Warum kommst du in kurzen Hosen zu den Versammlungen?« fragte mich einer der Jungs.

»Weil ich keine langen hab«, sagte ich.

»Und warum trägst du sie so eng?«

»Weil sie ausgewachsen sind«, sagte ich.

»Und wie ist das in Deutschland?«

»In Deutschland tragen alle Jungen kurze Hosen«, sagte ich.

»Auch so enge?«

»Ja«, sagte ich. »Besonders in der Hitlerjugend. Da tragen die Jungs die Hosen besonders eng. Eine Hose muß nämlich sitzen.«

---

11 **Betarist**   member of the Revisionist Zionist youth movement Betar
12 **Hanoar-Hazioni**   organization of Zionist youth, still in existence today. During the war it doubled as a resistance group against the Nazis.

»Du bist hier aber nicht in der Hitlerjugend«, sagte mein Freund.

Das stimmte zwar, aber wir waren nun einmal mittellose Emigranten und konnten uns damals wenig leisten, auch keine neuen Kleider für meine Mutter oder andere Hosen für uns Jungs. Und so trug ich meine alten, kurzen, ausgewachsenen Hosen, ob's meinen Freunden nun paßte oder nicht. Mit der Zeit gewöhnten sie sich aber daran.

Es war überhaupt so eine Sache mit meiner deutschen Herkunft. Einerseits hänselten mich die Freunde wegen der kurzen Hosen und der Hitlerjugend, andererseits hörten sie mir gerne zu, besonders, wenn ich bei politischen Diskussionen mal das Wort ergriff. Sie waren an das Balkandeutsch dieser Gegend gewöhnt, und mein Sächsisch aus dem fernen Hitlerland schien sie zu faszinieren. Das war auch einer der Gründe, daß meine Freunde bei den Zionisten mich dann zum Gruppenführer machten.

Wir gingen fast täglich mit meiner Mutter ins Kaffeehaus. Die Rechnung wurde aufgeschrieben und einmal monatlich von Großvater Schloime bezahlt. Rosenzweigs Kaffeehaus war berühmt für echte Cremeschnitten »wie aus Kaisers Zeiten« und echten Mokka mit Schlagsahne. Meist kamen eine Menge Leute an unseren Tisch, um mit meiner Mutter zu plaudern oder – wie meine Mutter scherzend sagte – von uns mal richtiges Deutsch zu hören.

»Wissen Sie, gnädige Frau«, sagte mal ein älterer Herr an unserem Tisch zu meiner Mutter, »es ist ein Vergnügen, Ihnen und Ihren Kindern zuzuhören.«

Und dann kam noch so ein älterer Herr an unseren Tisch und sagte: »Wissen Sie, gnädige Frau…während des Ersten Weltkrieges hatten die Deutschen und die Österreicher halb Osteruopa besetzt. Und wissen Sie, was mir so ein deutscher Offizier mal gesagt hat?«

»Was denn?«

»Ihr Juden seid außer den Volksdeutschen die einzigen, die unsere Sprache verstehen. Und glauben Sie mir, gnädige Frau, der hat doch tatsächlich einen persönlichen Brief an den Kaiser geschrieben und ihm mitgeteilt, daß die Juden schon wegen der Sprache die natürlichen Verbündeten des Deutschen Reiches seien.«

»Es ist nur schade«, sagte meine Mutter, »daß Hitler das nicht weiß.«

Und der ältere Herr nickte und sagte: »Ja, der Hitler, der ist eben ein Dummkopf.«

Die einfachen Juden in Sereth sprachen Jiddisch, eine Sprache, die ich in wenigen Wochen erlernt hatte. Die meisten, die eine gewisse weltliche

Bildung hatten, sprachen einen Mischmasch aus Jiddisch und Deutsch, und die Gebildeten sprachen Hochdeutsch, allerdings mit dem typischen Bukowiner[13] Akzent aus der alten k.u.k. -Zeit.[14] Im Hause meines Großvaters konnte man drei sprachliche Varianten hören. Wenn man unter sich war, sprach man Kauderwelsch, eben ein Durcheinander von Jiddisch und Deutsch; mit einfachen Leuten, zum Beispiel, dem Sattlermeister von nebenan oder den Straßenhändlern, die zu uns in die Küche kamen, um einen Schnaps oder Kaffee zu trinken, sprach man Jiddisch; mit vornehmem Besuch, zum Beispiel dem Herrn Apotheker oder dem Herrn Doktor, sprach man Hochdeutsch. Besonders mein Großvater war ein Meister der drei Sprachvariationen. Niemand konnte so gut auf Jiddisch wettern und fluchen wie er. Aber er konnte auch Kauderwelsch, und wenn er mit dem Apotheker oder Doktor Deutsch sprach, konnte man glauben, er wäre bei Schiller und Goethe zur Schule gegangen. Das Haus meines Großvaters lag direkt an der Landstraße, die wir den »Schotzer Berg« nannten. Die Straße führte nämlich bergauf nach Schotz, eine Abkürzung und Vereinfachung des Namens Suceava. Früher wohnte die ganze Familie im Haus, aber seitdem die Töchter meines Großvaters, also meine Tanten, geheiratet hatten und die Großmutter gestorben war, waren nur noch die beiden unverheirateten Onkel von mir da, mein Großvater, meine Mutter, mein Bruder und ich und natürlich Veronja, das Dienstmädchen, und der Stallknecht Gregory, der allerdings niemandem den Platz wegnahm, denn er schlief im Stall bei den Kühen und Pferden.

Es war immer was los in Sereth. Während der Sommerferien lagen wir am Badestrand, spielten Fußball oder Tennis, schwammen im Serethfluß oder ritten mit dem Pony spazieren. Am Abend flanierten wir auf der Promenade. Sonst ging man zu den Sitzungen der Zionisten, zu Volkstänzen auf der Hutweide und einmal wöchentlich ins Kino. Es gab auch einige Kaffeehäuser, Zigeunerkneipen, Restaurants und Buchhandlungen, die so eine Auswahl jiddischer, rumänischer, aber vor allem deutscher Bücher hatten. Bücher, die man für einige Lei ausleihen konnte. Fast jede Woche war irgendwo eine jüdische Hochzeit und man tanzte die halbe Nacht zu den Klängen der Zigeunergeigen. Am Wochenende kamen ukrainische und rumänische Bauern aus umliegenden Dörfern ins Schtetl, die mit Pferd und Wagen zur Hutweide zogen, sich später in den Kneipen besoffen und grölend durch die Straßen des Schtetls

---

13 **Bukowina**   formerly easternmost province of the Austro-Hungarian Empire, located in what is now western Ukraine

14 **k.u.k.-Zeit**   term used to designate the period in history after the *Ausgleich*, when the Habsburg Empire became the Austrian Empire and the Kingdom of Hungary. The k.u.k. refers to "Kaiser und König."

torkelten. Oft kamen die Bauern auch am Sonntag, in sauberen Trachten, holten die Dienstmädchen ab und zogen wieder zur Hutweide,[15] um ihre eigenen Volkstänze zu tanzen. Oft guckten wir Juden ihnen zu und manchmal tanzten wir mit. Juden, Ukrainer, Rumänen und die anderen Volksgruppen lebten friedlich zusammen.

»Wenn der Hitler sich mal hierher verirren würde«, sagte ein alter Jude in der Synagoge, »dann würde er Mund und Augen aufreißen.«

»Was soll denn der Hitler hier machen?« fragte sein Nebenmann. »Glauben Sie, daß Hitler nichts Besseres zu tun hat, als nach Sereth zu kommen? Ich wette mit Ihnen: Der Hitler hat noch nie was von Sereth gehört.«

»Und warum nicht?«

»Nun, ich weiß es nicht.«

»Glauben Sie etwa wirklich, Sereth läge am Arsch der Welt?«

»Am Arsch Europas«, sagte der Jude. »Und Europa ist nicht die Welt.«

Wenige Wochen später brach der Zweite Weltkrieg aus. Und bald darauf standen deutsche Truppen im Land. Ich möchte mir selber viele Geschichten erzählen, Geschichten vom Schtetl und seinen Juden. Aber kaum fange ich an, da stockt meine Sprache. Wozu soll ich sie alle erzählen? Es hat wenig Sinn. Oder doch? Ich weiß es nicht. Mir fällt nichts mehr ein. Der Krieg brach aus. Die Deutschen kamen. Und andere kamen – die rumänischen Faschisten. Eines Tages wurden die Juden aus Sereth abgeholt. Ich auch, obwohl ich aus Deutschland kam und nur nach Sereth geflüchtet war – vor dem Hitler, wie die Juden in Sereth zu sagen pflegten. Auch meine Mutter wurde abgeholt und mein Bruder, der Großvater und alle anderen, die ich nicht alle aufzählen kann. Ich erinnere mich: Es war ein kalter Oktobertag. Wir gingen zum Bahnhof. Wir stiegen in den Zug. Die eisernen Türen wurden verriegelt.

Ich weiß nicht, ob ich wirklich in das Schtetl gekommen bin oder ob wir am nächsten Tag mit unserer »Dacia« in einen Alptraum hineinfuhren. Alles hatte sich im Laufe der Jahre verändert, sogar die baumlose Landstraße aus Sand, Schotter und Kuh- und Pferdemist und auch die weiten Korn- und Maisfelder hatten ein anderes Gesicht. Als Junge bin ich oft über diese Landstraße gewandert, wenn ich die achtzehn Kilometer von Sereth nach dem Städtchen Raddautz zu Fuß ging, um meine Tante zu besuchen. Die Landstraße nach Sereth war jetzt asphaltiert und mit Reihen von Bäumen versehen. Es sah hübsch aus. Aber es war nicht mehr meine Landstraße. Auch das Schtetl hatte sich verändert. Die

---

15 **Hutweide** common pasture available to all inhabitants of the village

Hauptgeschäftsstraße war längst niedergerissen worden und an ihrer Stelle dehnte sich ein kleiner Stadtpark mit einem Denkmal der kommunistischen Partei Rumäniens. Keine jüdischen Geschäfte. Keine Juden. Auf der Hutweide, dort, wo einst der Wochenmarkt war, standen Hochhäuser. Man sagte uns, daß es den Wochenmarkt nicht mehr gebe. Sogar unser Fluß war nicht mehr da. Da war jetzt ein breiter Staudamm. Der Badestrand existierte nicht mehr, denn dort stand jetzt eine Teppichfabrik und neben dem Fabrikgelände ist inzwischen ein neuer Bahnhof entstanden. Drei von den ehemaligen Serether Juden waren noch da. Sie erkannten meinen Bruder und mich, und wir weinten alle ein bißchen. Einer von ihnen – er heißt Hermann Groper – führte uns auf den Friedhof, einen der ältesten jüdischen Friedhöfe Europas. Wir gingen zwischen den Gräbern spazieren und suchten nach dem Grab unserer Großmutter und anderen Verwandten und Freunden. Gropper führte uns auch in die alte Synagoge, die jetzt ein Museum ist, und er zeigte uns die Gedenktafel mit den Namen der Juden, die im Holocaust verschwunden waren, alles bekannte Namen. Wir suchten Freunde und Verwandte auf der Totenliste und fanden sie auch. Später gingen wir durch das verschwundene Schtetl. Ich zeigte Marianne die Plätze aus meiner Erinnerung.

»Siehst du, hier war Rosenzweigs Kaffeehaus und hier Delphiners Eisbude und dort war der Sodawasserstand meines Großonkels. Er hieß Onkel Katscher. Jedesmal, wenn ich hier vorbeikam, gab er mir ein Glas Rosenlimonade. Und siehst du, hier war die ›Promenade‹. Sie ist noch da, bloß völlig verändert. Und es geht keiner am Abend flanieren. Diese Gewohnheit ist aus der Mode gekommen.«

Wir wanderten also durch die Straßen. Wir sahen ein anderes Volk, und wir hörten eine andere Sprache.

»Jetzt wohnen Ukrainer und Rumänen in den Häusern der Juden«, sagte ich zu Marianne. »Und nirgendwo wird Deutsch oder Jiddisch gesprochen. Diese Sprachen sind ausgestorben.«

Ich weiß, daß irgendwo in einem der Obstgärten ein alter Brunnen ist, den wir den Jungbrunnen nannten, denn wer daraus trinkt, wird 120 Jahre alt. Ich erzähle Marianne die vielen Geschichten vom Jungbrunnen. Wir suchen ihn auch eine Zeitlang, können ihn aber nicht finden.

»Komm«, sage ich zu Marianne. »Wir können ihn nicht mehr finden. – Und außerdem, wer will denn schon so alt werden?«

Das Haus meines Großvaters steht noch. Als wir näher kommen, glaube ich, den Duft des flaumigen Maisbreis zu riechen, den unser Dienstmädchen Veronja so gut machen konnte. Maisbrei ist die rumänische Nationalspeise. Wir nannten den gelben Brei »Mamaliga «.

Im Haus meines Großvaters wohnen fremde Leute. Wir gehen einfach rein und sagen ihnen, wer wir sind. Es sind freundliche Leute. Sie laden uns ins Wohnzimmer ein.

»Hier stand früher mein Bett«, sage ich auf Deutsch, und mein Bruder, der besser Rumänisch kann als ich, übersetzt.

»Ja, ich habe nachts im Wohnzimmer geschlafen, und später, als die Großmutter starb, stellte Großvater Schloime sein Bett an der anderen Wand auf. Wissen Sie, der konnte schnarchen wie kein anderer. Das ganze Schtetl wachte auf, wenn er schnarchte. Glauben Sie's mir. Überall wurden die Öllämpchen angezündet oder die Petroleumlampen, wenn Großvater schnarchte.«

Mein Bruder übersetzt, und die guten Leute lachen.

Der Mann sagt: »Aber heutzutage gibt es nirgendwo Öllämpchen. Wir haben alle elektrisches Licht.«

»Ja«, sage ich. »Ich weiß. Es ist der Fortschritt.«

»So ist es«, sagt der Mann. »Der Fortschritt.«

Sie laden uns zum Essen ein, und die Frau fragt, was wir uns wünschen.

»Einen Maisbrei«, sage ich, »so wie ihn Veronja machte. Eine echte ›Mamaliga‹.«

»Eine Mamaliga?«

»Ja, eine Mamaliga.«

Wortschatz

dehnen	to stretch	sächsisch	dialect of Saxony
erwischen	to catch	scherzen	to joke
flanieren	saunter	der Schotter	gravel, rubble
flaumig	fluffy, downy	der Segensspruch	blessing
grölen	bawl	stocken	to hesitate, come
hänseln	to tease		to a standstill
das Kauderwelsch	gibberish	torkeln	stagger
die Lakritzstang(e)	piece of liquorice	die Tracht	traditional
der Magerquark	low-fat soft		costume
	cheese	verirren	to get lost
der Maisbrei/	thick maize	vornehm	distinguished,
die Mamaliga	porridge		refined
pflegen	here: to be in the	die Westwährung	Western currency
	habit of	wettern	to storm (be mad)
quälen	torture	der Ziehbrunnen	draw-well

JUREK BECKER

Die Mauer

---

1. Juxtapose your understanding of the Ghetto from your own perspective as an adult reader and that of the child narrators.

2. How does Becker present elements of humanity in the story?

3. What comparisons can be made between the Mauer of the Ghetto and that of the GDR?

Mein Gott, ich bin fünf Jahre alt, wir Juden[1] sind wieder ein stilles Glück. Der Nachbar heißt wieder Olmo und schreit den halben Tag mit seiner Frau, und wer nichts Besseres zu tun hat, der kann sich hinter die Tür stellen und jedes Wort hören. Und die Straße hat wieder ihre Häuser, in jedem ist etwas geschehen mit mir. Ich darf sie nicht verlassen, die Straße, streng hat es mir der Vater verboten. Oft glaube ich nicht, womit er das Verbot begründet, manchmal aber doch: daß es eine Grenze gibt, eine unsichtbare, hinter der die Kinder weggefangen werden. Niemand weiß, wo sie verläuft, das ist das Hinterhältige an ihr, sie ändert sich wohl ständig, und ehe du dich versiehst, hast du sie überschritten. Nur in der eigenen Straße, das weiß der Vater, sind Kinder einigermaßen sicher, am sichersten vorm eigenen Haus. Meine Freunde, mit denen ich die Ungeheuerlichkeit bespreche, sind geteilter Meinung. Die immer alles besser wissen, die lachen, manche aber haben auch schon von der Sache gehört.

Ich frage: »Was geschieht mir, wenn sie mich fangen?« Der Vater antwortet: »Es ist besser, du erfährst das nicht.« Ich sage: »Sag doch, was geschieht mir dann?« Er macht nur seine unbestimmte Handbewegung und will sich nicht mehr mit mir unterhalten. Einmal sage ich: »Wer ist es überhaupt, der die Kinder wegfängt?« Er fragt: »Wozu mußt du das auch noch wissen?« Ich sage: »Es sind die deutschen Soldaten.« Er fragt: »Die Deutschen, die eigene Polizei, was ist das für ein Unterschied, wenn sie dich fangen?« Ich sage: »Mit uns spielt aber jeden Tag ein Junge, der

---

1   **"Wir Juden sind wieder ein stilles Glück"**   "We Jews are our own quiet, happy selves again." Phrase coined by the author and probably meant to be ironic

wohnt viele Straßen weit.« Er fragt mich: »Lügt dein Vater?«

Ich bin fünf Jahre alt und kann nicht still sein. Die Worte springen mir aus dem Mund heraus, ich kann ihn nicht geschlossen halten, ich habe es versucht. Sie stoßen von innen gegen die Backen, sie vermehren sich rasend schnell und tun weh im Mund, bis ich den Käfig öffne. »Dieses Kind«, sagt meine Mutter, die kein Gesicht mehr hat, die nur noch eine Stimme hat, »hör sich einer nur dieses Kind an, dieses verrückte.«

Was geschehen ist, muß seltsam und unerhört gewesen sein, sonst lohnt es nicht, darüber zu berichten. Am Ende habe ich den Kaufmann Tenzer umgebracht, nie werde ich es wissen. Er wohnt in unserer Straße und hat ein schwarzes Mützchen auf dem Kopf und trägt ein weißes Bärtchen im Gesicht, er ist der kleinste Mann. Wenn es kalt ist oder regnet, kannst du zu ihm gehen, er weiß Geschichten. Die abgebrühtesten Kerle sitzen stumm vor ihm und schweigen und halten den Mund und sind ganz still, auch wenn sie später ihre Witze machen. Doch mehr als vier auf einmal läßt er nie herein. Von allen hat er mich am liebsten: es tut gut, das zu glauben. Als er mich einmal gegriffen und auf den Schrank gesetzt hat, war er sehr stark, wir alle haben uns gewundert.

Der Vater sagt: »Wer setzt denn ein Kind auf den Schrank? Und überhaupt: was hockst du immer bei dem alten Tenzer, der ist wahrscheinlich nicht ganz richtig im Kopf.« Ich sage: »Du bist nicht ganz richtig im Kopf.« Da holt er aus, ich aber laufe weg; und als ich später wiederkomme, hat er es vergessen. Der Vater holt oft aus, schlägt aber nie.

Einmal bin ich mit allen verstritten und gehe zu Tenzer, noch nie war ich allein bei ihm. Als er mir öffnet und keinen außer mir vor seiner Tür findet, wundert er sich und sagt: »So ein bißchen Besuch nur heute?« Er hat zu tun, er ist beim Waschen, doch schickt er mich nicht fort. Ich darf ihm zusehen, er wäscht anders als meine Mutter, bei der es immer bis in jeden Winkel spritzt. Er faßt die Unterhosen und die Hemden sanft an, damit sie nicht noch mehr Löcher kriegen, und manchmal seufzt er über ein besonders großes Loch. Er hält ein Hemd hoch über die Schüssel, und während es abtropft, redet er: »Es ist schon dreißig Jahre alt. Weißt du, was dreißig Jahre für ein Hemd bedeuten?« Ich sehe mich im Zimmer um, es gibt nicht viel zu sehen, nur eine Sache gibt es, die ist mir neu: Hinter der hohen Rückwand des Betts, auf dem Boden neben dem Fenster, steht ein Topf. Eine Decke hängt davor, daß man nichts sieht. Die Entdeckung wäre mir nicht geglückt, wenn ich nicht auf dem Boden gelegen und nicht vor Langeweile genau in jene Richtung geschaut hätte. Ich mache einen kleinen Umweg zu dem Ding hin, ich schiebe die Decke, die einem doppelt so Großen wie mir die Sicht versperren würde, zur Seite. In dem

Topf wächst eine grüne Pflanze, eine merkwürdige, die einen heftig sticht, kaum daß man sie berührt. »Was tust du da?« schreit der Kaufmann Tenzer, nachdem er meinen Schrei gehört hat. Ein Blutstropfen liegt auf meinem Zeigefinger, ich zeige ihm mein dickes Blut. Den Finger steck' ich in den Mund und sauge, da sehe ich Tränen in seinen Augen und bin noch mehr erschrocken. Ich frage: »Was hab' ich denn gemacht?« »Nichts«, sagt er, »gar nichts, es ist meine Schuld.« Er erklärt mir, wie die Pflanze funktioniert und von wie vielen Tieren sie aufgefressen worden wäre, wenn es nicht die Stacheln gäbe. Er sagt: »Du sprichst mit niemandem darüber.« Ich sage: »Natürlich spreche ich mit keinem.« Er sagt: »Du weißt, daß niemand eine Pflanze haben darf?« Ich sage: »Natürlich weiß ich das.« Er sagt: »Du weißt, was jedem blüht, der ein Verbot mißachtet?« Ich sage: »Natürlich.« Er fragt mich: »Na, was machen sie mit dem?« Ich antworte nicht und schaue ihn nur an, weil er es mir gleich sagen wird. Wir sehen uns ein bißchen in die Augen, dann greift sich Tenzer ein Stück Wäsche aus der Schüssel und wringt es gewaltig aus. Er sagt: »Das machen sie mit ihm.« Natürlich erzähle ich die Sache Millionen Leuten, den Eltern nicht, doch allen meinen Freunden.

Ich gehe wieder hin zum Kaufmann Tenzer, weil er mich seit jenem Tag mit seiner Pflanze spielen läßt, als wären wir Geschwister. Mir öffnet eine alte und fürchterlich häßliche Frau, daß jeder andere an meiner Stelle auch entsetzt gewesen wäre. Sie fragt mit ihrer gemeinen Stimme: »Was willst du hier?« Ich weiß, daß Tenzer immer allein gewesen ist, und eine solche hätte er schon gar nicht eingelassen; daß sie in seiner Wohnung ist, ist also noch erschreckender als ihr Aussehen. Ich laufe vor der Hexe weg und kümmere mich nicht um den Zauberspruch, den sie mir hinterherruft. Die Straße sieht mich kaum, so fliege ich, ich frage meine Mutter, wo Kaufmann Tenzer ist. Da weint sie, eben hat sie noch an ihrer Decke, zu der sie gehört, herumgestickt. Ich frage: »Wo ist er, sag es mir.« Doch erst der Vater sagt es, als er am Abend kommt: »Sie haben ihn geholt.« Ich bin inzwischen nicht mehr überrascht, Stunden sind vergangen seit meiner Frage, und oft schon haben sie einen geholt, der plötzlich nicht mehr da war. Ich frage: »Was hat er bloß getan?« Der Vater sagt: »Er war meschugge.[2]« Ich frage: »Was hat er wirklich getan?« Der Vater verdreht die Augen und sagt zur Mutter: »Sag du es ihm, wenn er es unbedingt wissen muß.« Und endlich sagt sie, wenn auch sehr leise: »Er hatte einen Blumentopf. Stell dir nur vor, sie haben einen Blumentopf bei ihm gefunden.« Es ist ein bißchen still, ich leide, weil ich nicht sagen darf, daß dieser Blumentopf und ich Bekannte sind. Meiner Mutter tropfen Tränen

---

2 **meschugge** Yiddish/Hebrew for "crazy"

auf ihr Tuch, nie vorher hat Tenzer ein gutes Wort von ihr gekriegt. Sein
Stück vom Brot nimmt sich der Vater wie jeden Abend nach der Arbeit,
ich bin der eigentlich Betroffene hier, und keiner kümmert sich um mich.
Der Vater sagt: »Was ich schon immer gesagt habe, er ist im Kopf nicht
richtig. Für einen Blumentopf geholt zu werden, das ist der lächerlichste
Grund.« Meine Mutter weint nicht mehr, sagt aber: »Vielleicht hat er
diese Blume sehr geliebt. Vielleicht hat sie ihn an eine Person erinnert,
was weiß man denn.« Der Vater mit dem Brot sagt laut: »Da stellt man
sich doch keinen Blumentopf ins Zimmer. Wenn man schon unbedingt
gefährlich leben will, dann pflanzt man sich Tomaten in den Topf. Erinnern
an jemand kannst du dich tausendmal besser mit Tomaten.« Ich kann mich
nicht länger beherrschen, ich habe meinen Vater nicht sehr gern in diesem
Augenblick. Ich rufe: »Es war gar keine Blume, es war ein Kaktus!« Dann
laufe ich hinaus und weiß nichts mehr.

Der Vater weckt mich mitten in der Nacht; der Vorhang, hinter dem
mein Bett steht, ist aufgezogen. Er sagt: »Komm, komm, mein Lieber.«
Er beugt sich über mich und streichelt mich, auch meine Mutter ist schon
angezogen in dieser Nacht. Es ist Bewegung im Haus, es geht herum und
klappert hinter den Wänden. Er hebt mich aus dem Bett und stellt mich
auf die Füße. Damit ich ihm nicht umfalle vor Müdigkeit, gibt er mir
seine Hand als Rückenstütze. Es ist gut, daß er sich überhaupt nicht eilt.
Meine Mutter kommt mit dem Hemd an, doch ich setze mich auf den
Eimer, der unsere Toilette ist. Der Mond liegt auf dem Fensterkreuz, im
Zimmer stehen plötzlich zwei dickgepackte Taschen. Wenn man lange
genug dem Mond zusieht, hält er sein Gesicht nicht still, er blinkert dir zu.
Dann stülpt meine Mutter mir das Hemd über den Kopf. »Komm, komm,
mein Lieber«, sagt der Vater. Sie überlegen beide, was sie vergessen haben
könnten; der Vater findet noch ein Kartenspiel und stopft es in die Tasche.
Ich habe auch Gepäck zum Mitnehmen, zu den Taschen lege ich meinen
Stoffball, den mir meine Mutter genäht hat; doch man sagt mir, es ist kein
Platz. Dann gehen wir die finstere Treppe hinunter, über den tuschelnden
Hof, auf die Straße.
Viele sind schon dort, doch meine Freunde nicht. »Wo sind die
anderen?« frage ich den Vater. Er macht sich los von meiner Mutter und
sagt: »Es ist nur unsere Straßenseite. Frag nicht, was dahintersteckt, es
ist so angeordnet.« Das ist ein Unglück, denn meine Freunde wohnen
alle auf der anderen Seite in dieser Nacht. Ich frage: »Wann kommen wir
zurück?« Man streichelt wieder meinen Kopf, erklärt mir aber nichts. Dann
trappeln wir los auf ein Kommando, das einer gibt, den ich nicht sehe.

Es ist ein Weg, der mit jedem Schritt langweiliger wird; wahrscheinlich überschreiten wir zehnmal die unsichtbare Grenze, doch wenn du den Befehl kriegst, ist das Verbot natürlich aufgehoben.

Ein kleiner Teil des Gettos[3] – und das hat mit Erinnerung nichts zu tun, es ist die Wahrheit – ein kleiner Teil des Ghettos ist wie ein Lager. Um ein paar lange Steinbaracken herum, die ohne Ordnung beieinanderstehen, geht eine Mauer. Gewaltig hoch hat man sie nicht gebaut, von Tag zu Tag kommt mir ihre Höhe verschieden vor, jedenfalls könnte von zwei Männern, die aufeinanderstehen, der obere hinüberblicken. Und wer sich weit genug entfernt, sieht obenauf Glasscherben blinken. Wozu aber ein Lager mitten im Getto, das doch Lager genug ist, fragt man sich. Darauf kann ich antworten, obwohl es mir damals keiner erklärt hat: Es werden hier Leute gesammelt in dem Lager, bevor sie in ein anderes Lager kommen, oder an einen Ort, an dem sie nötiger gebraucht werden als im Getto. Mit einem Wort, man hat sich in dem Lager bereitzuhalten. Ist es ein gutes Zeichen, hier zu sein, ist es ein schlechtes, darüber wird in den langen Steinbaracken Tag und Nacht gesprochen. Ich kann es nicht mehr hören.

Wir drei bekommen ein Bett zugeteilt, ein hartes Ding aus Holz. Obwohl es ein Stück breiter ist als mein bisheriges, quälen wir uns vor Enge. Es sind auch leere Betten in der Baracke. Gleich nach der ersten Nacht lege ich mich in eins davon und kündige an, von nun an immer hier zu schlafen. Der Vater schüttelt den Kopf, ich schüttle den Kopf zurück und möchte Gründe hören, da holt er wieder aus. Ich habe nachzugeben, es ist ein Sieg der Unvernunft. Wir probieren verschiedene Positionen aus: ich mal links, mal rechts, dann mit dem Kopf zwischen den Füßen der Eltern. »So ist am meisten Platz«, sagt der Vater, doch meine Mutter fürchtet, einer der vier Füße könnte mir weh tun. »Manchmal wird gewaltig im Traum getreten. Du weißt nichts davon, aber du tust es.« Das kann der Vater nicht bestreiten. »Es ist nur schade«, sagt er. Am Ende liege ich in der Mitte, ungefragt, und muß versprechen, mich wenig zu bewegen.

Jeden Morgen ist Appell, ich lerne das Wort als erstes in der fremden Sprache. Wir stellen uns vor der Baracke in einer langen Reihe auf, sehr schnell hat das zu gehen, denn es steht ein Deutscher da und wartet schon. Unsere Fußspitzen dürfen nicht zu weit vorn und nicht zu weit hinten sein, der Vater rückt mich ein bißchen zurecht. Der erste in der Reihe muß »eins!« rufen, dann wird durchgezählt bis zum Ende, die Zahlen kommen

---

3   **Ghetto**   an urban area sealed off from rest of city behind a wall.   Under the Nazis, the Lodz Ghetto was set up in February 1940 and sealed off on May 1, 1940 with barbed wire and guards at every exit. Those living there also worked as slave laborers in factories. Of the 200,000, less than 1,000 survived, as they were transferred to concentration camps.

angerollt und gehen über meinen Kopf hinweg. Meine Mutter ruft ihre Zahl, dann der Vater nacheinander seine und meine, dann ist schon der nächste dran. Mich ärgert das, ich frage: »Warum darf ich meine Zahl nicht selber rufen?« Der Vater antwortet: »Weil du nicht zählen kannst.« »Dann flüsterst du mir meine Zahl eben zu«, sage ich, »und dann ruf ich sie laut.« Er sagt: »Dafür ist erstens nicht genügend Zeit, und zweitens darf nicht geflüstert werden.« Ich sage: »Warum stehen wir nicht jeden Morgen an derselben Stelle? Dann haben wir immer dieselbe Zahl, und ich kann sie lernen.« Er sagt: »Hör zu, mein Lieber, das ist kein Spiel.« Es stehen zwei in unserer Reihe, die nicht viel älter sind als ich, der eine ruft seine Zahl selbst, der andere wird von seinem Vater mitgezählt. Den einen frage ich: »Wie alt bist du?« Er spuckt an meinem Kopf vorbei und läßt mich stehen, er muß vom oberen Ende unserer Straße sein, wohin ich nur selten gekommen bin. Nach dem Zählen ruft der Deutsche: »Weggetreten!«, das ist ein Appell.

Schon am zweiten Tag plagt mich die Langeweile. Ein paar Kleinere sind da, doch als ich näherkomme, sagt der Anführer zu mir: »Verschwinde, aber dalli.« Da sehen sie mich alle böse an, die Idioten, nur weil ihr Anführer sich wichtig tun will mit diesem Wort. Ich frage meine Mutter, was dalli heißt, sie weiß es nicht. Ich sage: »Es muß soviel bedeuten wie schnell.« Der Vater sagt: »Wichtigkeit.« Das Lager ist tot, und ich kriege es nicht zum Leben. Ich weine, ohne daß es hilft; in einer Lagerecke finde ich ein bißchen Gras. Ich soll nicht zu weit fortgehen, sagt meine Mutter, der Vater sagt: »Wo soll er hier schon hingehen.« Ich entdecke das Tor, dort ist die einzige Bewegung, manchmal kommt ein Deutscher, manchmal geht einer. Ein Soldat, der ein Posten ist, geht auf und ab, bis er mich stehen sieht. Da hebt er schnell sein Kinn, ich kann nicht sagen, warum ich so wenig Angst vor ihm habe; ich trete ein paar Schritte nach hinten, doch als er wieder auf und ab geht, nehme ich mir die Schritte zurück. Noch einmal bewegt er seinen Kopf so, noch einmal tue ich ihm den Gefallen, dann läßt er mich in Ruhe.

Am Nachmittag steht ein anderer Soldat beim Tor. Er ruft mir etwas zu, das gefährlich klingt. Ich gehe in eine Baracke, die uns nicht gehört. Ich fürchte mich dabei, doch es ist das einzige, was ich noch tun kann. Die gleichen Betten stehen da, es herrscht ein Gestank, der zu nichts gehört, was ich kenne. Ich sehe eine Ratte laufen, sie entkommt mir, ich krieche auf den Knien und kann ihr Versteck nicht finden. Einer packt mich beim Genick. Er fragt mich: »Was tust du hier?«, er hat ein blindes Auge. Ich sage: »Ich tue gar nichts.« Er stellt sich so mit mir, daß uns die anderen sehen. Dann sagt er: »Sag die Wahrheit.« Ich sage noch einmal: »Ich tue gar nichts hier. Ich gucke nur.« Er aber sagt laut: »Er wollte klauen, der Mistkerl, ich habe ihn erwischt.« Ich rufe: »Das ist überhaupt nicht wahr.« Er sagt: »Und wie es wahr ist. Ich beobachte ihn schon den halben Tag. Er wartet seit Stunden auf eine Gelegenheit.« Einer fragt: »Was willst du mit ihm machen?« Der Lügner sagt: »Soll ich ihn durchprügeln?« Einer sagt: »Es ist besser, du kochst ihn.« Ich schreie: »Ich wollte nicht klauen, wirklich nicht!« Ich komme nicht los von seiner Hand, und der Lügner drückt immer stärker. Zum Glück ruft einer: »Laß ihn laufen, er ist das Kind von einem, den ich kenne.« Er hält mich aber noch ein bißchen und sagt, ich soll mich nicht nochmal erwischen lassen. Dem Vater erzähl ich nichts, wahrscheinlich würde er den ekelhaften Kerl bestrafen; doch müßte ich in Zukunft wohl in unserer Baracke bleiben, das lohnt nicht.

Am nächsten Tag wird alles gut: am frühen Morgen zieht die andere Straßenseite ins Lager ein. Ich bin noch keine fünf Schritte draußen, da ruft mich einer, der wie Julian klingt und sich versteckt. Ich muß nicht lange suchen, er steht hinter der nächsten Ecke, drückt sich an die Wand und wartet, daß ich ihn finde, Julian ist mein guter Freund. Wir haben uns lange nicht gesehen, es könnte eine Woche sein. Sein Vater ist ein Doktor gewesen, darum geht er vornehm angezogen, jetzt schon wieder. Er sagt: »Verflucht nochmal.« Ich sage: »Julian.« Ich zeige ihm das Lager, es gibt nicht viel zu zeigen, von unserer Baracke ist seine am weitesten entfernt. Wir suchen einen Platz, der von nun an unser ständiger Platz sein soll; am Ende bestimmt er ihn, obwohl er erst ein paar Minuten hier ist und ich wahrscheinlich schon seit einer Woche.

Er fragt: »Weißt du, daß Itzek auch hier ist?« Er führt mich hin zu Itzeks Baracke, auch Itzek ist mein guter Freund. Er sitzt auf dem Bett und muß bei seinen Eltern bleiben, so kann er sich über mich nicht freuen. Wir fragen seinen Vater: »Darf er nicht wenigstens ein bißchen raus mit uns?« Der sagt: »Er kennt sich noch nicht aus hier.« »Aber ich kenn' mich aus«, sage ich, »ich bin schon viele Tage hier. Ich bringe ihn bestimmt zurück.« Er sagt: »Kommt nicht in Frage.« Erst als Itzek zu weinen anfängt, erlaubt es ihm seine Mutter, die sonst immer streng ist. Wir zeigen Itzek unseren Platz, wir setzen uns auf die Steine. Das Wunderbare an Itzek ist seine Zwiebeluhr, ich sehe auf seine Hosentasche, in der sie immer tickt. Zweimal durfte ich sie bisher ans Ohr halten und einmal aufziehen, als Gewinner einer Wette. Sein Großvater hat sie ihm aus Liebe gegeben und hat zu ihm gesagt, er soll sie gut verstecken, sonst nimmt sie sich der nächste Dieb. Auch Julian hat etwas Wunderbares, eine wunderbar schöne Freundin. Es hat sie noch nie einer gesehen außer ihm, sie hat blonde Haare und grüne Augen und liebt ihn wie verrückt. Einmal hat er erzählt, daß sie sich hin und wieder küssen, das wollten wir ihm nicht glauben, da hat er uns gezeigt, wie sie den Mund beim Küssen hält. Nur ich besitze nichts Wunderbares. Der Vater hat eine Taschenlampe mit Dynamo, bei der du den Griff bewegen mußt, damit sie leuchtet. Doch wenn sie ihm einmal fehlt, dann kann sich jeder denken, wer zuerst verdächtigt wird.

Ich sage zu Itzek: »Zeig mir deine Uhr.« Doch seine verfluchten Eltern haben sie gefunden und gegen Kartoffeln eingetauscht. Julian hat seine Freundin noch. Itzek weint um die Uhr, ich mache mich nicht lustig über ihn; ich würde ihn ein wenig trösten, wenn ich die Scham nicht hätte. Julian sagt: »Hör auf zu heulen, Mensch.« Da läuft Itzek weg, Julian sagt: »Laß ihn doch«, und die schöne Zwiebeluhr ist weggetauscht für Kartoffeln, wer soll das begreifen. Ich erzähle Julian, wie ein Tag in diesem Lager ist, damit er nicht zuviel erwartet. Er erzählt mir von seiner Freundin, sie heißt Marianka, bis Itzek wiederkommt.

Seit ich nicht mehr in unserer Straße wohne, ist wenig dort passiert, nur der Schuster Muntek hat sich das Leben genommen. Jedesmal ist er aus seinem schmutzigen Laden gekommen, wenn wir auf seinen Stufen gesessen haben, und hat mit den Füßen getreten, der ist jetzt tot. Es ist ein komisches Gefühl, weil er neulich erst gelebt hat. Ich frage: »Wie hat er es getan?« Julian sagt, daß er sich mit Glas die Handgelenke aufgeschnitten hat und ausgeblutet ist. Itzek dagegen, der drei Häuser näher als Julian beim Schuster gewohnt hat, weiß, daß Muntek sich sein Schustermesser ins Herz gestoßen und es dort dreimal umgedreht hat. Julian sagt: »So einen Unsinn hab' ich noch nie gehört.« Sie streiten sich eine Weile, bis ich sage: »Ist doch egal.« Aber die Geschichte hat noch ein trauriges Ende, denn Itzeks Mutter hatte ein Paar Schuhe zur Reparatur bei Muntek stehen. Als sie von seinem Tod gehört hat, ist sie hingerannt, doch die Schuhe waren weg, der Laden war schon leergestohlen.

Im Sitzen pinkelt Julian zwischen mir und Itzek hindurch, er kann das wie kein zweiter, in einem wunderschönen Bogen. Dann hat er einen Plan und macht ein wichtiges Gesicht, wir sollen eng zusammenrücken. Er flüstert: »Wir müssen zurück in unsere Straße, am besten in der Nacht.« So einen verrückten Vorschlag hat Julian noch nie gemacht. Itzek fragt ihn: »Warum?« Julian richtet seine Augen auf mich, damit ich es dem Dummkopf erkläre, doch ich versteh' ja selber nichts. Julian sagt: »Die ganze Straße ist jetzt leer, stimmt das?« Wir antworten: »Ja.« Er fragt: »Und was ist mit den Häusern?« Wir antworten: »Die sind jetzt auch leer.« »Die Häuser sind jetzt überhaupt nicht leer«, sagt er und weiß auf einmal etwas, das wir nicht wissen. Wir fragen: »Wieso sind denn die Häuser nicht leer?« Er sagt: »Weil sie voll sind, Mensch.« Er verachtet uns ein

Weilchen, dann muß er die Sache erklären, weil wir sonst gehen. Also: die Straße wurde Haus für Haus geräumt, die Leute aber durften nicht viel mitnehmen, das wissen wir selbst doch am besten, höchstens die Hälfte von ihrem Besitz. Die andere Hälfte steckt noch in den Häusern, nach Julians Schätzung liegen noch Berge von Zeug da. Er sagt uns, daß er zum Beispiel sein großes Blechauto nicht mitnehmen konnte, weil seine blöde Mutter es zertrampelt und ihm statt dessen einen Sack voll Wäsche zum Tragen gegeben hat. Mein grauer Stoffball fällt mir ein. Nur Itzek brauchte nichts zurückzulassen, er hatte nichts. »Über die Mauer kommt ihr nie«, sage ich. Julian wirft einen Stein gegen die Mauer, so dicht an meinem Kopf vorbei, daß ich den Wind spüre. Er fragt mich: »Über die da?« Ich sage: »Ja, über die.« Er fragt: »Warum nicht?« Ich sage: »Die Deutschen passen ungeheuer auf.« Julian sieht sich groß um und sagt dann: »Wo siehst du hier denn Deutsche? Außerdem schlafen sie nachts. Hast du nicht gehört, was ich gesagt habe? Daß wir es in der Nacht versuchen müssen?« Itzek sagt: »Er hat Schmalz in den Ohren.« Ich sage: »Außerdem ist die Mauer viel zu hoch.« Itzek sagt zu seinem Freund Julian: »Du merkst schon, was der für Angst hat.« Julian sagt nur: »Wir müssen uns eine gute Stelle suchen.« Er sagt zu mir: »Feigling.«

Wir suchen die Stelle, und Julian hat natürlich recht, es gibt sie. Streben aus Metall sind dort eingelassen wie Treppenstufen. »Was hab' ich euch gesagt«, sagt Julian. Mir schlägt das Herz, weil ich jetzt mitgehen oder ein Feigling sein muß. Noch einen zweiten Vorteil hat die Stelle: sie ist vom Lagereingang weit entfernt und damit auch vom Posten. Es ist zwar noch ein anderer Posten da, der herumläuft und irgendwann an jedem Ort vorbeikommt, doch meistens ist der in seinem kleinen deutschen Häuschen und sitzt und raucht oder liegt und schläft. Julian sagt: »Ich sage euch noch einmal, die Deutschen schlafen alle nachts.« Ich frage: »Woher weißt du denn das?« Er antwortet: »Das weiß jeder.« Und Itzek zeigt auf mich und sagt: »Nur er weiß es nicht.« »Gehen wir nächste Nacht?« fragt Julian und sieht mich an.

Ich denke, wie leicht es wäre, mit allem jetzt einverstanden zu sein und später einfach nicht zu kommen. Ich gucke zu den Streben und rüttle an der untersten, ich sage: »Die Deutschen müssen doch verrückt sein.« »Also was ist?« fragt Julian wieder mich. Ich sage: »Frag ihn doch auch.« Julian fragt Itzek: »Gehen wir in der nächsten Nacht?« Itzek schweigt ein bißchen, dann sagt er: »Lieber in der übernächsten.« »Warum erst in der übernächsten?« Itzek sagt: »Man soll nichts übereilen.« Diese Ansicht kennt man von seinem Vater, der von Beruf ein Advokat ist, was immer das bedeutet.

Meine Vorbereitungen beginnen an diesem Abend. Wenn es mir je gelingen soll, nachts unbemerkt aus dem Bett zu kommen, dann darf ich nicht zwischen den Eltern schlafen, dann muß ich an den Rand. Ich fange an zu husten, bis der Vater fragt, was mit mir los ist. Meine Mutter legt mir die Hand auf die Stirn, der Husten hört nicht auf, ich sehe, wie sie miteinander flüstern. Beim Hinlegen sage ich: »In der Mitte krieg' ich keine Luft. Ich falle schon nicht raus.« Und ich huste so stark, daß ich wirklich keine Luft kriege, daß sie gar nicht anders können, als mir einen Seitenplatz zu geben. Jeden Abend schreit einer: »Bettruhe!«, dann geht das Licht aus, kurze Zeit wird noch geflüstert. Die Elfen fliegen im Dunkeln, sie sind ein Geheimnis, über das nicht gesprochen werden darf; als ich mit meiner Mutter einmal über Elfen sprechen wollte, hat sie nur den Finger auf den Mund gelegt, den Kopf geschüttelt und nichts gesagt. Das Dach der Baracke öffnet sich vor den Elfen, die Wände neigen sich bis zum Boden, man sieht es aber nicht, man spürt es nur am Hauch. Sie schweben ein und aus, wie sie es möchten, manchmal streift dich eine mit ihrem Schleier oder mit dem Wind. Manchmal sagt sie auch etwas zu dir, doch immer in der Elfensprache, die kein Mensch versteht; dazu kommt, Elfen sprechen unglaublich leise, alles ist zarter bei ihnen und sanfter als bei den Menschen. Sie kommen nicht in jeder Nacht, doch gar nicht selten, es ist dann eine verborgene und fröhliche Bewegung in der Luft, bis du einschläfst und wohl noch länger. Beim allerkleinsten Licht verschwinden sie.

Ich will in dieser Nacht das Aufstehen üben, ich habe mir gesagt: sollte es einmal glücken, aus dem Bett zu steigen, ohne sie zu wecken, dann wird es mir auch glücken, wenn es drauf ankommt. Sie müssen nur eingeschlafen sein.

Sonst schläft der Vater so schnell ein, daß er schon schnarcht, bevor die Elfen da sind. Manchmal stoße ich ihn absichtlich in die Seite, und es stört ihn nicht. Doch ausgerechnet heute tuscheln sie miteinander und halten sich umarmt wie Kinder und küssen sich, als hätten sie nicht den ganzen Tag dafür Zeit gehabt. Ich kann nichts tun, sie haben sich noch niemals so geküßt in der Baracke. Ich höre den Vater flüstern: »Warum weinst du?« Dann bin ich müde, ich glaube, die ersten Elfen sind schon da. Ich rolle mit den Augen, damit die Müdigkeit vergeht. Ich höre meine Mutter flüstern: »Er hustet nicht mehr, hörst du?« Dann weckt sie mich und sagt: »Komm, komm, der Appell wartet nicht auf dich.«

Meine Mutter sagt zum Vater: »Laß ihn in Ruhe, er hat nicht ausgeschlafen.« Solch ein Unglück wird mir nicht nochmal passieren, das schwöre ich, und wenn ich mir Hölzchen in die Augen stecke. In der nächsten Nacht muß ich nun das Bett und die Baracke ohne Probe verlassen; das Gute aber ist, daß ich jetzt weiß, wie leicht man gegen seinen eigenen Willen einschläft. Der Vater stößt mich in der Reihe an, ich sehe hoch und hör' ihn leise sagen: »Fünfundzwanzig!« Obwohl ich schon bei der nächsten Nacht bin in Gedanken, schlägt mir das Herz, jetzt hab' ich die Gelegenheit zu zeigen, was ich kann. Die Zahlen kommen angestürmt, die Augen des Deutschen vor uns bleiben immer auf der Zahl. Ich habe Angst; der Vater kann nicht wissen, was für einen Moment er sich ausgesucht hat. Ich muß die Lippen aufeinanderpressen, um nicht zu früh zu rufen, dann schrei' ich: »Fünfundzwanzig!« Es muß genau der richtige Augenblick gewesen sein, nach der Frau vor mir und vor dem Vater, die Zahlen laufen wie am Schnürchen von mir fort, es ist ein gutes Gefühl. Nach dem Appell sagt der Vater: »Das hast du großartig gemacht. Nur mußt du nicht so schreien beim nächstenmal.« Ich verspreche es ihm, er hebt mich auf den Arm, das ist nicht angenehm vor allen Leuten.

Wir treffen uns, Julian, ich und Itzek, und warten auf die nächste Nacht. Julian hat gesehen, daß an unserer Stelle kein Glas auf der Mauer liegt, es ist ein Glück. Itzek sagt, er hat das auch gesehen. Julian sagt: »In unser Zimmer brauch' ich gar nicht erst zu gehen, ich gehe gleich woanders hin. Geht ihr in eure Zimmer?« Ich überlege, ob unser Zimmer sich lohnt: der Stoffball liegt noch dort, vielleicht die Taschenlampe, im Lager ist sie bisher nicht aufgetaucht. Itzek fragt: »Ehrlich, wer hat Angst?« »Ich nicht«, sagt Julian, »ich auch nicht«, sagt Itzek, »ich auch nicht«, sage ich. Ich frage Julian, ob er nicht seine Freundin besuchen möchte, wenn wir draußen sind. Er antwortet: »Doch nicht in der Nacht.«

Ein kalter Regen vertreibt uns, nur Julian weiß wohin. Er kennt eine unbewohnte Baracke, dorthin laufen wir. Auch wenn ich es nicht gern gestehe: Julian ist von uns der Führer. Die Tür fehlt, wir treten in den dunklen Raum, in dem nichts ist; nur doppelstöckige Betten stehen zusammengerückt an den Wänden, wie ich sie nie zuvor gesehen habe. Itzek klettert herum und springt von einem aufs andere, wie eine Katze, und Julian macht mir Augen, als ob ihm alles hier gehört. Da sagt uns einer: »Haut ab hier, aber Tempo.« Vor Schreck fällt Itzek runter von einem Bett und rappelt sich auf und rennt hinaus. Julian ist schon verschwunden, nur ich steh' mitten in dem Raum. Die Stimme, die gleichzeitig müde klingt und so, als ob sie einem Starken gehört, sagt: »Was ist mit dir?« Ich stehe noch vor Neugier, und außerdem soll Julian sehen, wer hier ein Feigling ist. Ich sage: »Mit mir?« Da bewegt sich etwas Weißes langsam aus einem Bett heraus, tief hinten im Bettenberg, ich hab' genug gesehen. Ich stürze raus ins Freie, wo Julian und Itzek in sicherer Entfernung stehen und warten und vielleicht froh sind, vielleicht enttäuscht, daß ich mit heiler Haut aus der Gefahr gekommen bin. Ich sage: »Mensch, das ist ein Ding!« Aber sie wollen meinen Bericht nicht hören, es regnet kaum noch.

An unserem Versammlungsort wollen wir uns nachts treffen und dann gemeinsam zur Mauer gehen. Julian fragt, warum wir uns nicht gleich an der Mauer treffen, und ich weiß einen Grund: Wenn einer nicht pünktlich ist, dann wäre es nicht gut, an der Mauer auf ihn zu warten. Nachdem wir uns geeinigt haben, sagt Julian: »Wir treffen uns doch lieber an der Mauer.« Ich frage, ohne mir viel zu denken: »Wann treffen wir uns überhaupt?« Ein bißchen überlegen wir, dann sieht mich Julian böse an, als hätte ich mit meiner Frage erst das Problem geschaffen. Er braucht immer einen Schuldigen und sagt zu Itzek: »Wenn du nicht so dämlich wärst und deine Uhr noch hättest, dann wäre alles gut.« Wir wissen alle drei kein Zeichen in der Nacht, nach dem man sich richten könnte. Bis Itzek sagt: »Bettruhe ist doch überall zur selben Zeit?« Das ist der beste Einfall, selbst Julian kann das nicht bestreiten, die Bettruhe könnte solch ein Zeichen sein, wie wir es brauchen. »Wenn die Bettruhe anfängt«, sagt Itzek, »dann noch eine Stunde, dann schlafen alle, dann können wir uns treffen.« »Und wie lang ist eine Stunde?« fragt Julian, doch einen besseren Vorschlag weiß er nicht. Wir einigen uns über die Länge einer Stunde: es ist die Zeit, die auch der Letzte in der Baracke braucht, um einzuschlafen, und noch ein bißchen länger. Wir legen unsere Hände aufeinander und sind verschworen und trennen uns bis zur Nacht. Dann bin ich bei den Eltern auf dem Bett. Meine Mutter steht vom Nähen auf und sagt, daß ich ganz naß bin, sie zieht mein Hemd aus und trocknet mir den Kopf. Viele gehen herum in der Baracke, die Hände auf dem Rücken, einer von ihnen ist der Vater. Jemand singt ein Lied von Kirschen, die eine Hübsche immer ißt, von bunten Kleidern, die sie immer trägt und von dem Liedchen, das sie immer singt.

Zum erstenmal in meinem Leben kann ich eine Nacht kaum erwarten. Die Angst ist weg, das heißt, da ist sie schon noch, doch über ihr ist die Erwartung. Wenn ich nur nicht verschlafe, denke ich, wenn ich nur nicht wieder verschlafe, verschlafen darf ich nicht. Ich sag zu meiner Mutter: »Ich bin müde.« Es ist noch Nachmittag, sie legt die Hand auf meine Stirn, dann ruft sie den Vater. »Stell dir vor, er ist müde und will schlafen.« Der Vater sagt: »Was ist dabei, wenn einer, der den ganzen Tag herumläuft, müde ist?« Meine Mutter sieht ihn unzufrieden an. Er sagt: »Laß ihn sich hinlegen und schlafen, wenn er will und kann«, dann geht er wieder herum. Ich lege mich hin, meine Mutter deckt mich zu. Sie fragt, ob mir am Ende etwas wehtut, sie drückt auf ein paar Stellen. Ich sage ungeduldig: »Mir tut nichts weh.« Sie sagt: »Sei nicht so frech.« Ihre Hand läßt sie unter der

Decke auf mir liegen, dagegen hab' ich nichts, es ist ganz angenehm. Ich werde wirklich müde mit der Zeit, wie der Regen auf das Dach schlägt, wie sie spazieren in langen Runden, und wie sie meinen Bauch hält. Ich überlege, was ich finden möchte in den leeren Häusern in der Nacht, es darf nicht allzu schwer sein wegen des Transports und auch nicht allzu groß; ich lege mich nicht fest, nur geht mir immer wieder das Wort *prächtig* durch den Sinn. Ich werde wohl etwas finden, daß viele ihre Augen aufreißen und fragen werden: Mein Gott, wo hast du das denn her? Dann werde ich lächeln und mein Geheimnis schön für mich behalten, und alle werden sich den Kopf zermartern und neidisch sein. Ich spüre, daß ich bald schlafen werde, in den Ohren ist jedesmal vor dem Schlaf ein Summen. Verschlafen kann ich gar nicht, denke ich, auch wenn ich noch so müde wäre: am Abend wird immer *Bettruhe!* gebrüllt, davon wacht ein Bär auf. Ich bin ziemlich klug.

Ich schlafe, dann bin ich wieder wach, es ist fast Zeit, sich hinzulegen. Ich bekomme mein Stück Brot und eine halbe Zwiebel. Es wundert mich ein wenig, daß keiner zu bemerken scheint, was für besondere Dinge vor sich gehen. Nur meine Mutter bleibt dabei, daß etwas nicht in Ordnung ist mit mir; ihre Hand tanzt dauernd auf meiner Stirn herum, und sie erinnert den Vater daran, wie ich gehustet habe. Ich will schon aufspringen und ihr zeigen, wie gesund ich bin, doch fällt mir früh genug ein, wie falsch das wäre. Ich darf noch nicht gesund sein, ich muß noch weiterhusten, sonst stecken sie mich wieder in ihre Mitte für die Nacht. »Da hast du es«, sagt meine Mutter. Sie will Herrn Engländer holen, den berühmten Arzt aus der Nebenbaracke, doch der Vater sagt: »Bitte, geh und hol ihn. Er kommt und untersucht, und wenn es beim nächstenmal etwas wirklich Ernstes ist, dann kommt er nicht mehr.«

Es ruft der Eine: »Bettruhe!« Noch eine Stunde, denke ich erschrocken. Itzek liegt jetzt da, Julian liegt jetzt da, denke ich, für jeden noch eine Stunde. Ich fürchte, die Eltern könnten mein inneres Zittern spüren, aber sie fangen schon wieder an zu küssen und zu tuscheln. Noch niemals hab' ich mich so wach gefühlt. Über die Störung neben mir hinweg bemerke ich einfach alles, was in der Baracke vor sich geht: das Geflüster im Nachbarbett, das erste Schnarchen, ein Stöhnen, das nicht aus dem Schlaf kommt, sondern aus dem Unglück, das zweite Schnarchen, das Schnarchkonzert, durch eine Fuge in der Wand ein Licht vom Himmel. Ich bemerke das Ende des Regens, es tropft noch irgendwo auf den Boden herab, doch nicht mehr aufs Dach. Zwei Betten weiter liegt eine sehr alte Frau, die im Schlaf spricht. Manchmal bin ich aufgewacht davon, ich warte, daß sie wieder anfängt, der Vater sagt, man kann im Schlaf ein anderer Mensch sein. Sie schweigt, dafür weint jemand, das ist nicht schlimm, vom Weinen wird man müde und schläft bald ein. Dann höre ich ein Schnarchen, das mich entzückt, weil es das Schnarchen meiner Mutter ist. Ganz leise und unregelmäßig klingt es, mit kleinen Stockungen, als ob es ein Hindernis auf seinem Weg gibt. Noch hat sich keine von den Elfen blicken lassen, vielleicht hält der Regen sie heute auf. Ein gutes Stück der Stunde ist vorbei, ich möchte nicht der Erste am Treffpunkt sein. Die Stunde ist vorüber, beschließe ich, wenn auch der Vater schläft. Ich setze mich hin und lasse meine Beine hängen. Wenn er mich fragt, was los ist, dann schläft er nicht. Er fragt mich aber nicht. Itzek sitzt auch in seinem Bett, das hilft mir, Julian hat jetzt auch Herzklopfen. Das Weinen hat aufgehört, und lange schon hört man kein Getuschel mehr. So ist meine Stunde um.

Ich stehe neben dem Bett und nichts geschieht. Am Vormittag bin ich den Weg zur Tür zweimal mit geschlossenen Augen abgeschritten, als Ersatz für die ausgefallene Probe in der Nacht, und bin nicht angestoßen. Nur einem Großvater bin ich auf den Fuß getreten, der stand mir im Weg, er hat geschimpft. Ich hebe meine Schuhe auf, die Stunde ist um. Ich gehe einen Schritt, und noch einen, der Fußboden knarrt ein wenig, am Tage hörst du das nicht. Die Finsternis ist so schwarz, daß es keinen Unterschied zwischen offenen und geschlossenen Augen macht. Die Schritte werden munter, plötzlich aber bleibt alles stehen, fast falle ich um vor Schreck, weil jemand schreit. Es ist die furchtbar alte Frau. Ich stehe, bis sie wieder schweigt; was wird geschehen, wenn sie die Eltern weckt und dann: Wo ist das Kind? Doch sie bleiben im Schlaf, weil das Geschrei der Frau zur Nacht gehört. Meine Beine finden von selbst die Ecke, dann sehe ich einen grauen Schimmer von der Tür, das Nachtlicht. Die letzten Schritte sind unvorsichtig schnell, weil ich auf einmal denke: Wenn nachts die Türen zugeschlossen sind! Die Tür geht wunderbar leicht auf und schließt sich schnell, ach, bin ich draußen in dem Lager. Ich setze mich, zieh' die Schuhe an und verfluche mich, ich habe meine Hose vergessen. Zum Schlafen behalte ich immer das Hemd an, ich ziehe nur die Hose aus, das hat die Mutter hier so eingeführt; die Hose liegt als Kopfkissen gefaltet auf dem Bett, damit sie keiner stiehlt. Jetzt muß ich in Hemd und Unterhose über die Mauer, Itzek und Julian werden Witze machen.

Ich kann den Mond nicht finden. Gestern habe ich Julian gefragt: »Was werden sie mit uns machen, wenn sie uns erwischen?« Er hat geantwortet: »Sie erwischen uns nicht«, das hat mich sehr beruhigt. Auf dem Boden sind Pfützen, in einer davon finde ich den Mond. Natürlich halte ich vor jeder Ecke an und bin nicht unvorsichtig. Ich denke: selbst wenn der Vater jetzt aufwacht, nützt es ihm nichts mehr.

Hinter der letzten Ecke hockt Julian an der Mauer. Er lacht natürlich und zeigt mit seinem Finger auf mich. Ich setze mich neben ihn auf den Boden. Er amüsiert sich immer noch, ich frage: »Ist Itzek noch nicht da?« Er sagt: »Wo soll er denn sein, Mensch.« Die unterste Strebe ist so niedrig, daß ich sie im Sitzen greifen kann, sie wackelt ein wenig. »Vielleicht ist er eingeschlafen«, sage ich. Julian sagt nichts, er kommt mir sehr ernst vor, seitdem er mit dem Lachen fertig ist. Noch nie habe ich so wie jetzt seine Überlegenheit gespürt. Ich frage: »Wie lange warten wir?« Er sagt: »Halt den Mund.« Ich stelle mir Itzeks Entsetzen vor, wenn er am Morgen aufwacht, und alles ist vorbei. Doch jetzt ist keine Zeit für Mitleid, ich warte auf Julians Befehle und fange an, mich vor der Mauer zu fürchten. Sie ist viel höher als am Tag, sie wächst mit jedem Augenblick. Als über uns ein Rabe krächzt, steht Julian auf; vielleicht war der Vogelschrei das Zeichen, auf das er gewartet hat. Er sagt: »Dein Itzek ist ein Feigling.«

Später, wenn wir mit unserer Beute wieder zurück sein werden, dann bin ich ein genau so großer Held wie er, da spielt es keine Rolle, wer jetzt Befehle gibt und wer gehorcht. Doch Julian schweigt so lange, daß ich fürchte, etwas könnte nicht in Ordnung sein. Ich frage: »Willst du es verschieben?« Er sagt: »Quatsch.« Ich gebe zu, daß auch ein wenig Hoffnung in meiner Frage war, jetzt aber weiß ich, daß wir das Lager in dieser Nacht verlassen werden. »Worauf warten wir?« Er sagt: »Auf gar nichts.« Er schiebt mich zur Seite, weil ich im Weg stehe, er prüft die erste Strebe, die zweite und die dritte, die vierte kann er vom Boden aus nicht erreichen. Er steigt auf die erste Strebe und ist jetzt hoch genug, die vierte zu berühren, dann springt er wieder auf die Erde. Er sagt: »Geh du zuerst.« Ich frage: »Warum ich?« Er sagt: »Weil ich es sage«, und ich spüre, wie recht er hat. Trotzdem frage ich: »Können wir nicht losen?« »Nein«, sagt er ungeduldig, »geh endlich, sonst gehe ich alleine.« Das ist der höchste Beweis, daß Julian nicht Angst hat wie ich; er gibt mir einen kleinen Stoß, er hilft mir, mich zu überwinden. Mir fallen wohl noch ein paar Fragen ein, die ich ihm stellen könnte; wenn Julian aber ernst macht und ohne mich geht, dann stehe ich nachher da. Ich trete an die Mauer heran, er sagt: »Du mußt die dritte greifen und auf die erste steigen.« Er schiebt von unten, damit es aussieht, als hätte ich es ohne seine Hilfe nicht geschafft. Ich stehe auf der untersten Strebe und habe keine Angst mehr vor der Mauer, nur noch vor der Höhe. Der Gedanke hilft, daß ich die Mauer überwunden haben werde, wenn Julian sie noch vor sich hat. Wie auf einer Leiter für Riesen muß ein großer Schritt getan und eine höhere Strebe muß gegriffen werden, das strengt kaum an. Rechts neben mir ist die kühle Mauer, links unten bleibt Julian immer tiefer zurück,

sein Gesicht hat er zum Himmel gerichtet und sieht mir zu. Er fragt mich:
»Wie geht es?« Zum ersten Mal im Leben verachte ich ihn, und ich sage
aus meiner Höhe: »Sei nicht so laut.« Ich werde ihm nicht verraten, wie
leicht es geht, er hat mich nur aus Angst vorausgeschickt. Auf einmal ist
vor meinen Augen der Mauerrand.

Ich sehe eine Straße. Dunkle Häuser sehe ich, die feuchten Steine auf
dem Platz, es rührt sich nichts, die Deutschen schlafen wirklich. Leise
ruft er: »Was siehst du?« Ich rufe aufgeregt zurück: »Ganz hinten fährt
ein Wagen mit Pferden. Ich glaube, sie sind weiß.» Er ruft verwundert:
»Das lügst du.« Ich sage: »Jetzt ist er um eine Ecke gebogen.« Ich stütze
meine Arme auf den Mauerrand, ein bißchen Glas liegt dort. Es sind kleine
Stücke, man sieht nicht jedes, ich taste mit den Händen die Mauer ab. Das
größte Stück läßt sich herausbrechen, damit schabe ich über die anderen
Splitter. »Was tust du?« fragt von unten Julian. Vorsichtig wische ich das
Glas mit dem Ärmel weg und puste. Dann wälze ich mich auf die Mauer,
die Angst geht wieder los, am meisten fürchte ich mich vor der Angst. Ich
muß die Knie unter den Bauch kriegen, das ist die schwerste Arbeit. Für
einen Augenblick setze ich mein Knie auf Glas. Ich darf ja nicht schreien,
ich finde einen besseren Platz fürs Knie, es muß nun bluten; und Julian,
der Idiot, der ruft: »Warum geht es nicht weiter?«

Ich muß mich drehen, ich fürchte schrecklich, das Gleichgewicht
zu verlieren. Julian wird nichts mehr sagen, oder ich spuck' ihm auf den
Kopf. Dann, nach dem Drehen, sehe ich ihn stehen und weiß erst jetzt,
wie hoch ich bin. Wieder lege ich mich auf den Bauch, die Beine sind
schon draußen, um einzelne Schmerzen kann ich mich nicht kümmern. Ich
lasse mich hinab, soweit die Arme reichen, die Füße finden keinen Halt,
weil es hier keine Streben gibt. Ich hänge und komme auch nicht wieder
hoch, ich höre Julian rufen: »Was ist los? Sag doch ein Wort.« Ich schließe
die Augen und sehe mir die Mauer von unten an, wie klein sie wirkt,
wenn man herumspaziert im Lager. Was soll schon passieren, ich werde
hinfallen und mir ein bißchen wehtun, tausendmal bin ich hingefallen. Ich
werde aufstehen und mir die Hände sauberwischen, während Julian die
Überquerung noch vor sich haben wird. Was ist, wenn er nicht kommt? Kalt
wird mir bei diesem Gedanken, ich hänge hier, und Julian verschwindet
und legt sich schlafen. Ich kann doch nicht allein in die Häuser gehen, es
ist von Anfang an Julians Einfall gewesen. Ich rufe: »Julian, bist du noch
da?« Dann fliege ich, obwohl noch nichts entschieden ist, der Mauerrand
hat sich von meinen Händen losgemacht. Der Boden kommt erst nach
langer Zeit, ich falle langsam, zuletzt auch auf den Kopf, die Mauer
schrappt den ganzen steilen Weg an meinem Bauch entlang. Bequem liege

ich auf dem Rücken, die Augen lasse ich noch ein wenig zu, bevor ich mir den Himmel, der genau über mir ist, in aller Ruhe ansehe. Dann sehe ich Julians Gesicht oben auf der Mauer, er ist ein guter Kerl, und mutig ist er auch. Er ruft: »Wo bist du denn?« Da muß ich mich bewegen, zwei Schmerzen machen mir zu schaffen, an der rechten Hüfte der eine, der andere im Kopf. Ich sage: »Hier, Julian.« Mir ist auch schwindlig, ich muß zur Seite gehen, damit er mir nicht noch auf den Kopf springt, ich denke: Aber ich hab' es überstanden. Julians Methode ist eine andere, er setzt sich auf die Mauer. Er rutscht nach vorn, er scheint sich zu beeilen, er stützt sich links und rechts, die Arme sehen ihm bald aus wie Flügel. Nein, ein Feigling ist er nicht, er fliegt zum Boden, neben mir fällt er auf den Rücken, er steht viel schneller auf als ich. Weil ich hinter ihm bin, gehe ich herum um ihn, er dreht sich aber, damit ich sein Gesicht nicht sehe, er geht auch ein paar Schritte weg. Ich möchte ihn sehen und fasse seine Schulter an, da stößt er mich zurück, weil er weint. Trotzdem ist er mutig, mein Kopfschmerz ist mal klein, mal groß, die Hüfte tut weh bei jedem Schritt. Ich frage: »Bluten deine Hände auch?« Als käme ihm diese Möglichkeit jetzt erst in den Sinn, sieht Julian seine Hände an, dreht sie zum Mond, sie bluten nicht. Um ihn zu trösten, zeige ich ihm meine, er sagt: »Was hast du denn gemacht, du Esel?« Ich sage: »Das Glas.« Er sagt: »Das faßt man doch nicht an.«

Ich friere, wie viele Jacken braucht ein Räuber in der Nacht? Wir sind jetzt Leute aus einer der Geschichten, Julian vornweg; er fragt: »Bist du noch da?« Das heißt, er hört mich nicht, ich schleiche wie ein Meister. An die Hüfte gewöhne ich mich mit den Schritten, dafür nimmt der Kopfschmerz zu. Alles ist gut, solange ich den Kopf nicht drehe. Irgendwo bellt ein Hund, es ist sehr weit und hat nichts mit uns zu tun. Ich sage: »Gehen wir doch in dieses Haus.« Wir gehen in das nächste Haus, die Haustür aber ist abgeschlossen. Wir lassen keine Tür mehr aus, bei allen ist es dasselbe. Ich weine ein bißchen, auch vor Kopfschmerz und Kälte, Julian lacht nicht. Er zieht mich am Ärmel und sagt: »Komm«, da wird mir leichter. Er sagt: »Weißt du, was ich glaube?« Und als ich den Kopf schüttle und mir so neuen Schmerz bereite, sagt er: »Ich glaube, hier wohnen die Leute noch. Deswegen sind die Häuser zugeschlossen. Leer ist nur unsere Straße.« Ich bleibe vor einem Fenster stehen und möchte wissen, wie recht Julian hat. Ich stelle mich auf die Zehenspitzen, ob in dem Zimmer Leute schlafen. Da sieht mich ein Teufelsgesicht an, nur die Scheibe ist zwischen uns. Ich laufe weg mit meiner Hüfte, daß Julian mich erst an der nächsten Straßenecke einholt. Ich sage: »Hinter dem Fenster war ein Teufel.« Julian sagt: »Dort wohnen welche, du Idiot.«

Er findet unsere Straße, ich erkenne sie kaum bei Nacht. Wir gehen vorbei an einem Zaun, dessen zwei lockere Latten mir bekannt sind. Ich tippe eine davon an und habe recht, in meiner Straße könnte ich viele Kunststücke zeigen. Ich frage Julian, warum er nicht einfach das nächste Haus nimmt; dabei weiß ich, daß er Angst hat, es könnte wieder zugeschlossen sein. Er sagt: »Ich weiß schon, was ich tue.«

Dann geht es mir gut, weil mein Kopf sich besser fühlt. Längst wären wir in einem Haus, wenn Julian so frieren würde wie ich. Ich denke: hoffentlich ist ihm nicht mehr lange warm. Irgendwann einmal werde ich der Führer sein, dann ziehe ich mir warme Kleider an. Er fragt: »Bist du noch da?« Wir gehen an meinem Haus vorbei, er hat nur sein eigenes im Kopf; ohne ihn könnte ich eintreten, wenn ich wollte. Ich denke an des Vaters Taschenlampe, wahrscheinlich bin ich müde. Zur Werkstatt von dem toten Schuster Muntek verlieren wir kein Wort, in meiner Zeit hier hat er jedenfalls gelebt und uns gejagt. Noch nie war mir so kalt in unserer Straße, der Wind weht auf meine nackten Beine, doch Julian niest als erster. Er steht bei seinem Haus und kommt nicht durch die Tür. Er rüttelt ein bißchen und tritt ein bißchen, die Tür bleibt aber zu. Ich sage: »Mach nicht solchen Krach.« Er antwortet: »Halt deine Schnauze.« Weil es zu meinem Haus weit ist, gehe ich nur zum nächsten, und das ist offen. Ich rufe Julian, wir sind unserem Glück sehr nahe. Das Haus hat drei Etagen, wir fangen oben an, weil Julian es so will. Auf dem Treppenabsatz ist es schwarz, eine Tür tut sich auf, ein dunkelgraues Loch. Mir schlägt das Herz, weil ich nicht weiß, ob Julian die Tür geöffnet hat oder ein Fremder, bis Julian sagt: »Komm endlich.« Im Zimmer ist eine Unordnung aus gar nichts, umgeworfene Stühle, ein Tisch, ein offener Schrank, in dem unsere Hände nichts finden. Ich frage: »Was stinkt hier so?« Julian sagt: »Du stinkst.« Ich setze mich auf ein zerbrochenes Bett. Julian geht zum Fenster und macht es auf. Es wird heller, er lehnt sich weit hinaus und fragt: »Weißt du, wo unser Lager ist?« Ich stelle mich neben ihn und sage: »Nein.« Er macht das Fenster wieder zu und sagt: »Ich weiß es«, so ist Julian. Auf dem Weg zurück zur Tür stoßen wir gegen einen Eimer, aus dem der Gestank kommt.

Die Zimmer in dem Haus sind alle auf ähnliche Weise leer. In einem steht ein Apparat, der viel zu schwer ist, um ihn mitzunehmen. Julian sagt: »Das ist eine Nähmaschine.« In einem finden wir eine Kiste halb voll Kohlen, was sollen wir mit Kohlen in dem Lager? In einem fällt die Klinke von der Tür ab, ich hebe sie auf und beschließe, sie vorläufig mitzunehmen. Julian nimmt mir die Klinke weg und setzt sie wieder ein. Im nächsten Haus, gleich im ersten Zimmer, findet Julian etwas. Er untersucht es und ruft bald: »Mensch, das ist ein Fernglas!« Ich habe dieses Wort noch nie gehört, er sagt: »Komm her und sieh durch.« Ich trete zu ihm ans Fenster, er hält mir den Fund vors Gesicht, tatsächlich sieht man darin Dinge, die niemand mit gewöhnlichen Augen sehen kann, selbst in der Nacht. Julian zeigt mir, wie ich an dem Rädchen drehen muß, damit die Bilder verschwimmen oder deutlich werden, ich aber kann sowieso nichts sehen, weil plötzlich Tränen in meinen Augen sind. Ich gebe ihm sein Fernglas zurück, es ist ein schrecklicher Zufall, daß er es war, der das Glas gefunden hat. Im nächsten Zimmer kommt Julian zu mir und sagt: »Wir müssen zurück.« Ich sage: »Ich geh nicht, bevor ich nicht auch was finde.« Er sagt noch einmal, daß ich mich beeilen soll, als wäre es eine Frage von Tüchtigkeit, ob ich was finde oder nicht. Er bleibt mit mir in jedem Zimmer, solange ich will, er öffnet jedes Fenster und sieht sich alles durch sein verfluchtes Fernglas an.

Ich spüre, daß ich mit immer weniger zufrieden wäre, doch nichts ist da. Julian sagt: »Wir müssen gehen. Oder willst du, daß alles rauskommt?« Ich sage, in eine einzige Wohnung möchte ich noch gehen, dort liegt der Stoffball unterm Bett, dann laufen wir zurück zum Lager. »Gut«, sagt Julian, seit dem Fernglas ist er ein großzügiger Freund. Während wir die Straße hinuntergehen, weiß ich keine Antwort auf die Frage, was geschehen soll, wenn ausgerechnet mein Haus zugeschlossen ist. Julian sieht es lange vor mir durch sein Ding und sagt: »Die Tür steht offen.« Unter dem Bett liegt kein Ball, ich krieche in jede Ecke. Als wir das Zimmer verlassen haben, ist er hier gewesen, daran besteht kein Zweifel, also ist später jemand gekommen und hat den Ball gestohlen, jetzt hat sich alles nicht gelohnt.

Julian fragt: »Was hast du?«, weil ich auf dem Bett sitze und weine. Seine Hand legt er mir auf die Schulter, obwohl er grinsen könnte, er ist ein ziemlich guter Freund. Jetzt müßte er mich fragen, ob er sein Fernglas will; natürlich würd ich es nicht nehmen, doch vieles wäre gut. Dann denke ich an die Taschenlampe des Vaters. Im Lager ist sie nicht aufgetaucht bisher, vielleicht taucht sie hier auf, sofern der Stoffballdieb sie nicht gefunden hat. Wo der Vater sie versteckt hielt, weiß ich nicht, ich glaube, sie hatte keinen festen Platz, mal hat sie auf dem Tisch gelegen, mal woanders. Ich stehe auf und frage Julian: »Wenn du eine Lampe hättest, so groß wie deine Hand, wo würdest du sie hier verstecken?« Er sieht sich dreimal um, dann fragt er: »Bist du sicher, daß sie hier ist?« Ich sage: »Sie muß hier sein.« Julian legt sein Fernglas auf unseren Tisch und fängt zu suchen an, das gefällt mir und gefällt mir auch wieder nicht. Ich suche eilig los, ich muß die Lampe vor ihm finden. Ein paar Stellen weiß ich, die weiß er nicht, ein Loch im Fußboden, unterm Fensterbrett eine kleine Höhle, ein loses Brett im Dach vom Kleiderschrank. Mein Wissen bringt mir nichts, ich krieche auf dem Bauch durchs Zimmer, ich steige auf den Stuhl, die Taschenlampe taucht nicht auf. Wenn Julian wieder sagt, wir müssen gehen, dann müssen wir gehen. Zum letztenmal lege ich mich unters Bett, da höre ich ihn sagen: »Meinst du die hier?« Er ist ganz ruhig, er hat die Lampe auf den Tisch gelegt und wartet nicht auf Dankbarkeit. Ich frage: »Wo hast du sie gefunden?« Er sagt: »In der Schublade.« Er sagt es wie jemand, der nicht begreifen kann, daß ich wegen einer so lächerlichen Lampe fast den Verstand verliere. Er nimmt sein wichtiges Fernglas und geht zur Tür. Auf die Schublade wäre ich vielleicht nie gekommen, man braucht nicht auf dem Bauch zu ihr zu kriechen, man braucht nicht auf den Stuhl zu steigen; auch der Balldieb hatte nicht genug Verstand.

Im Lager werde ich das Licht leuchten lassen, jetzt ist Julian ungeduldig. Ich laufe hinter ihm zur Treppe, dabei bin ich es, der jeden Tritt hier kennt. »Danke, Julian«, sage ich oder denke es, auf einmal tut mir Itzek leid. Julian verbietet mir, meine Lampe auf der Straße auszuprobieren. Ich richte mich nach ihm, ich kümmere mich nicht um den Weg und folge ihm, noch ist mir nicht kalt. Die Lampe muß ich in der Hand behalten, weil ich ja auch die Hosentaschen vergessen habe. Ich frage: »Weißt du noch den Weg?« »Kannst ja alleine gehen«, sagt Julian, das heißt, er weiß den Weg. Ich habe keine Ahnung, warum er böse ist, ich möchte freundlich zu ihm sein. Ich sage: »Wenn du die Lampe brauchst, kannst du sie immer borgen.« Er sagt: »Ich brauche deine Lampe nicht.« Ich glaube, er möchte genauso gern wie ich wieder zu Hause sein, das macht ihm schlechte Laune; er grault sich so wie ich, gleich wieder vor der Mauer zu stehen und hochzuklettern und in die Tiefe springen zu müssen. Ich sage: »Wenn die Deutschen alle schlafen, brauchen wir doch nicht zu klettern. Warum gehen wir nicht einfach durch das Tor?« »Weil das zugeschlossen ist, du Idiot«, sagt Julian.

Der Weg wird kälter. Natürlich findet Julian das Lager, und weil ich nie daran gezweifelt habe, bin ich nicht erleichtert. Er findet auch unsere Stelle. Er flüstert: »Mensch, weißt du, was los ist?« Ich flüstere: »Was soll sein?« »Die Eisenstäbe«, flüstert er, »auf dieser Seite sind doch keine.« Ich möchte auch einen Einfall haben und flüstere: »Wir müssen ums Lager herumgehen, irgendwo werden solche Dinger sein.« »Überall auf der Mauer liegt doch Glas, nur an der einen Stelle nicht«, flüstert Julian. Ich sehe mir meine Hände an, die ich vergessen hatte, mein Knie. Ich flüstere: »Wenn wir woanders eine Stelle finden, dann nehmen wir einen

Stein und zerschlagen zuerst das Glas.« Ich merke, wie gut mein Einfall ist, denn Julian sagt jetzt nichts und sieht sich um nach einem Stein. Er steckt den Stein in seine Hosentasche und geht als Führer los; wenn wir auf dieser Mauerseite Streben finden sollten, werde ich es gewesen sein, der uns gerettet hat. Julian sagt im Vorausgehen: »Hör auf mit deiner blöden Lampe, sonst nehm' ich sie dir weg.« Er spielt sich immer dann am meisten auf, wenn er recht hat; ich wäre ein besserer Führer als er, wenn ich der Führer wäre. Wir müssen einen Bogen gehen, einen großen Bogen fort von der Mauer und vorbei am Lagereingang, an dem kein Mensch zu sehen ist, Julian will es so. Er nimmt mir meine Lampe weg, obwohl ich nichts damit getan habe, es geschieht zur Sicherheit, ich wehre mich nicht; ein Führer muß an alles denken und braucht nicht alles zu erklären. Wir schleichen über die Straße, die genau auf das Lagertor zuführt, immer noch ist dort niemand, der uns beobachten könnte. Wir kommen zurück an die Mauer, Julian gibt mir meine Lampe wieder, ich habe es nicht anders erwartet. Wir gehen und gehen und finden keine Streben. Ich sage: »Julian, es kommen keine.« »Das weiß ich selber«, sagt er, geht aber immer weiter. Dann frage ich: »Wie lange wollen wir noch gehen?« Er antwortet, indem er stehenbleibt, er setzt sich hin und lehnt sich mit dem Rücken an die Wand. Ich setz' mich auch und frage nichts, ich sehe Julian an und sehe etwas Fürchterliches: er weint. Jetzt erst sind wir ohne Hilfe, er weint vor Ratlosigkeit. Sein Weinen vorhin, als er von der Mauer gesprungen und hingefallen ist, war nichts dagegen. Wir rücken zusammen, wahrscheinlich ist ihm nicht weniger kalt als mir. Wahrscheinlich ist er ein paar Monate älter. Ich frage: »Wollen wir in ein leeres Haus gehen und uns hinlegen?« Er sagt: »Bist du verrückt?« Ein paarmal fallen mir die Augen zu. Ich denke, wie schade es ist, daß nicht Julian es war, der den Einfall mit dem leeren Haus gehabt hat. Meine Lampe macht kaum mehr einen Lichtkreis auf den Boden, so hell ist es inzwischen. Ich denke an den Vater, der uns holen müßte, erst mich, dann Julian, oder beide zusammen, unter jedem Arm einen, er müßte mich ins Bett legen und warm zudecken, Menschenskind, wär' das gut. Er müßte meine Mutter bei der Hand halten, beide müßten sie am Bett stehen und auf mich runterschauen und lächeln, bis ich aufgewacht bin.

Dann tut mir etwas weh. Vor uns steht ein riesiger Deutscher, er hat mich angestoßen mit dem Fuß, er tut es noch einmal, doch nicht wie jemand, der treten will. Aus seinen glühenden Augen sagt er ein paar Worte, die unverständlich sind; ich habe solche Angst, daß ich nicht aufstehen will. Das Unglück wird erst richtig losgehen, wenn ich stehe, ich bleibe sitzen. Neben mir aber steht Julian und wird am Kragen hochgehalten.

Der Riese sagt in komischem Polnisch: »Was macht ihr hier?« Ich sehe zu meinem Freund, der Riesige schüttelt ihn ein bißchen. Julian zeigt auf die Mauer und sagt: »Wir sind aus dem Lager.« Dafür bewundere ich ihn noch lange, wie ruhig er das sagt; der Riese fragt: »Und wie seid ihr herausgekommen?« Julian erzählt ihm die Wahrheit, ich sehe mir inzwischen den Helm an und das Gewehr, das über die Riesenschulter ragt, den Riesenschuh auf meinem Bauch, der mich gefangenhält. Ich habe keinen Zweifel, daß wir bald erschossen werden, das war uns klar von Anfang an. Der Riese fragt, warum zum Donnerwetter wir nicht in unser Lager zurückgegangen sind. Auch das erklärt ihm Julian, der noch nie so ein Held gewesen ist wie jetzt. Der Riese sieht an der Mauer hoch und scheint die Sache zu verstehen. Er nimmt den Fuß von meinem Bauch, das ist wie ein Befehl aufzustehen, er packt mich, kaum stehe ich, am Kragen. Die Taschenlampe liegt noch auf der Erde, ich muß sie irgendwie erwischen, bevor es losgeht.

Der Riese läßt uns beide los und sagt: »Kommt mit zur Wache.« Er steht aber und geht nicht, wir stehen natürlich auch, er muß den Anfang machen. »Los, geht schon«, sagt er und gibt uns einen Schubs. Ich drehe mich zur Mauer und hebe meine Taschenlampe auf, es ist die letzte Möglichkeit. Der Riese fragt: »Was hast du da?« und greift sich meine Hände, die hinterm Rücken sind. Er sieht die Lampe, er nimmt sie und probiert sie aus und steckt sie weg in seine Tasche, als ob ihm alles hier gehört. Jede Schlechtigkeit, die ich über die Deutschen je gehört habe, ist plötzlich wahr, ich hasse ihn wie die Pest. Einen anderen hätte ich zu überreden versucht, mir die Lampe zurückzugeben, auf einen Streit hätte ich es ankommen lassen, sogar beim Vater, bei diesem Riesendeutschen hat alles keinen Sinn. Ich sehe Julian das Hemd tief in die Hose stopfen, außer uns beiden weiß niemand, was er unter seinem Hemd versteckt. Ich wünsche ihm, daß er das Fernglas durchbringt, ich gönne dem Riesen das Fernglas nicht. Er sagt: »Geht ihr wohl endlich.« Wieder schubst er uns, wir gehen vor ihm her, ich bemerke, wie Julian seine Beute vom Rücken auf den Bauch verschiebt. Wenn wir erschossen werden, denke ich, nützt ihm sein Fernglas auch nicht viel. Der Riese sagt, wir sollen stehenbleiben.

Er dreht uns mit seinen Riesenhänden herum zu sich. Er sieht uns lange an wie einer, den irgendwas beschäftigt, die allerschlimmsten Sorgen wünsch' ich ihm. Er sagt: »Wißt ihr, was mir passiert, wenn ich euch nicht zur Wache bringe?« Als ob das unsere Sache ist, er ist nicht nur ein Dieb, er ist auch ein Idiot. Ich denke: Gar nicht schlimm genug kann es sein, was dir passiert. Julian sagt: »Ich weiß es nicht.« Ich möchte antworten, daß es mich nicht interessiert, das wäre eine gute Antwort; doch ich sehe seine Pranken baumeln, ich möchte für mein Leben gern ein Riese sein. Plötzlich packt er uns im Genick und wirft sich nieder, daß wir mit ihm zu Boden fallen müssen. Er hält mich immer noch beim Genick, als wäre es aus Holz. Er sagt: »Kein Wort.« Ich sehe ein Licht weit hinten an der Mauer, ein Motorrad. Bald hört man das Geräusch dazu, ich bilde mir ein, ich höre auch das Herz des Riesen schlagen; inzwischen übertönt sein Herz sogar das Motorradgeräusch. Er sagt: »Kein Wort«, und dabei redet niemand außer ihm. Ein Dieb ist er, ein Dummkopf, ein Feigling, ich habe keine Angst vor so einem. Julian kann ich nicht sehen, weil zwischen uns der Riesenkörper liegt. Das Motorrad biegt, ein ganzes Stück von uns entfernt, um eine Ecke, wir müssen aber noch ein Weilchen liegen.

»Steht auf«, sagt dann der Riese. Er läßt uns los und klopft sich die Soldatenkleider ab. Ich sehe mir meine Unterhose an und weiß, es wird nicht wenig Ärger mit meiner Mutter geben, falls ich das hier überstehe. Der Riese setzt seinen Helm ab und wischt sich über die Stirn, wie alle Deutschen hat er blondes Haar. Er läßt sich Zeit, als gäbe es die Kälte nur für mich und nicht für ihn. Sein Helm sitzt wieder auf dem Kopf, da nimmt er sein Gewehr; jetzt ist es wohl soweit, wegnehmen und erschießen, das können sie. Julian fragt: »Erschießen Sie uns jetzt?«

Der Riese sagt nichts, er hält die Frage Julians wohl nicht für wichtig. Er schaut die Straße rauf und runter, es soll wohl niemand sehen, was er gleich machen wird mit uns. Er sagt zu Julian: »Versuch bloß nicht wegzulaufen« und droht mit dem Finger. Wozu hat er sein Gewehr in die Hand genommen, wenn nicht zum Erschießen, er stellt es aber an die Mauer. Er weiß wohl selbst nicht, was er will, die Taschenlampe ist eine kleine Beule unter seiner Jacke, ich hätte sie einfach an der Mauer liegenlassen sollen, dann hätte irgendein Glücklicher sie irgendwann gefunden. Er zeigt auf mich und sagt nur: »Du«, da muß ich zu ihm gehen. Er sagt: »Ich werde euch auf die Mauer heben. Springt aber schnell und lauft, so schnell ihr könnt, in eure Baracken, es darf nicht lange dauern. Verstanden?« Darum also geht es, ich weiß nicht, ob ich jetzt erleichtert bin, gleich muß ich wieder springen. »Wir haben eine Stelle«, sagt Julian, »auf der kein Glas liegt. Es ist nicht weit von hier.« Der Riese sagt: »Hier ist nirgends Glas« und hebt mich hoch wie nichts. Ich habe keine Zeit zum Überlegen, es tut weh, weil er mich an den Hüften hält. Er sagt: »Stell dich auf meine Schultern.« Ich lehne mich gegen die Mauer und tue, was er befiehlt, ich kann den Rand noch nicht erreichen. Er sagt: »Jetzt steig auf meinen Kopf.« Er hält mich an den Fußgelenken, ich zahle ihm ein Stückchen von der Lampe heim: ich mache mich schwer und bin mit seinem Kopf nicht vorsichtig. Der Helm ist sein Glück, ohne Helm würde er sich ganz schön wundern. Er sagt: »Beeil dich.« Ich stehe auf einem Bein, mehr Platz ist auf dem Helm nicht, ich kann den Mauerrand jetzt greifen. Er fragt: »Kannst du dich halten?« Ich hebe vorsichtig den Fuß von seinem Kopf, da geht er weg unter mir. Ich hänge und werde niemals auf die Mauer kommen; genau so habe ich vorhin gehangen, nur daß ich da zur Erde und nicht nach oben wollte. Ich sehe über die Schulter nach unten und sehe, er nimmt sein Gewehr.

Das ist der größte Schreck, das kann sich keiner vorstellen: hoch in der Luft zu hängen, damit er nun doch schießt nach all den schönen Reden. Es hält mich nichts mehr an der Mauer, ich stürze ab. Der Sturz wird in den Jahren immer länger, so hoch kann keine Mauer sein, dann werd' ich von dem Riesen aufgefangen. Es ist, als ob ich nie gefallen wäre. Der Riese legt die Hand auf meinen Mund, bevor ich schreien kann. Er sagt: »Was machst denn du?« Er stellt mich auf die Füße, hebt sein Gewehr vom Boden auf und lehnt es wieder an die Mauer. Dann sagt er: »Gleich noch einmal, los.« Wieder nimmt er mich, ich kenne mich schon ein bißchen auf den Schultern aus, ich lasse diesmal seinen Kopf in Ruhe. Als ich Julian unten stehen sehe, bin ich neidisch: Ich muß auf Leben und Tod kämpfen, ich stürze ab und werde erschossen oder nicht erschossen, und er steht da und sieht sich alles seelenruhig an. Und darf sogar sein Fernglas behalten, darüber wird bei Gelegenheit noch zu sprechen sein.

Von neuem fasse ich den Mauerrand. Der Riese läßt eins meiner Fußgelenke los, das andere bleibt in seiner Hand. Er sagt zu Julian: »Gib mir das Gewehr.« Den Gewehrkolben stemmt er gegen meinen Hintern und schiebt mich in die Höhe, fast kann ich darauf sitzen, ich komme ohne Mühe auf den Mauerrand. Ich liege auf dem Bauch und sehe, wie recht er hat, ich finde nicht das kleinste Stückchen Glas, das Glas ist ein Geheimnis. Ich kann in unser Lager schauen, in dem es noch still und leer ist wie bei Nacht, doch hell schon wie am Tag. Von unten ruft der Riese: »Runter mit dir.«

Ich dreh' mich auf der Mauer und häng' mich an die andere Seite und falle, bis es nicht weitergeht. Ich liege da und weine, ich bin zurück und habe nichts als Schmerzen mitgebracht. Kein Julian interessiert mich mehr, für seine Einfälle wird er sich in Zukunft andere suchen müssen. Ich stehe auf, die Eltern kommen näher. Der Vater muß sich freuen, daß ich überhaupt noch lebe, meine Mutter wird weinen, wenn sie mich sieht, und dann die vielen Wunden sauberwaschen; die Wahrheit kann ich ihnen nicht erzählen. Die Hände bluten wieder, die Knie bluten, mein Ellbogen ist wie in Schmutz und Blut getaucht. Ein Trost ist, daß sie mich wahrscheinlich vor Mitleid streicheln werden. Ich gehe los, morgen werde ich zu Julian sagen: »Von wegen alle Deutschen schlafen in der Nacht.«

Als ich mich umdrehe, springt er von der Mauer auf seine Art. Er fällt nicht schlecht, aber er bleibt liegen. Ich gehe zurück zu ihm, weil er mein Freund ist, wie er so auf dem Bauch liegt. Er weint, er weint und weint, wie ich noch niemals einen habe weinen sehen. Ich war schon fertig mit dem Weinen und fange selber wieder an. Ich frage: »Hat er dir das Fernglas weggenommen?« Es dauert ein bißchen, bis er meine Hand zurückstößt und aufsteht. Ich sehe das Fernglas unter seinem Hemd. Er humpelt fort und hört nicht auf zu weinen, ich laufe hinter ihm her und bin nun endlich besser dran. Ich frage: »Sehen wir uns morgen?« Ich kann nichts Böses an dieser Frage finden, doch was tut Julian? Er haut mir auf den Kopf. Er sieht mich an, als hätte er noch mehr Schläge für mich in seinen Fäusten, dann humpelt er weiter. Ich bleibe stehen und hör' ihn weiterweinen; soviel Mitleid brauche ich nicht zu haben, daß ich ihm jetzt noch nachlaufe. Ich freue mich auf die Baracke, in der ich nicht mehr frieren muß.

Hinter der Tür ist es dunkel. Ich schließe sie so leise, daß ich nichts höre; wer nicht schon vorher wach war, der schläft auch jetzt noch. Die Eltern sitzen auf dem Bett und sehen mir entgegen mit großen Augen. Jemand flüstert: »Du lieber Himmel, was haben sie mit dir gemacht?« Nichts tut mehr weh in diesem Augenblick, und trotzdem ist mir, als ob das Schlimmste erst noch kommt. Meine Mutter hält beide Hände vor den Mund, der Vater rührt sich nicht, ich bleibe zwischen seinen Knien stehen. Er legt mir eine Hand auf den Kopf und dreht mich einmal rundherum. Dann hält er mich an beiden Schultern fest und fragt: »Wo bist du gewesen?« Ich sage: »Ich war draußen und bin hingefallen.« Der Vater sagt: »So fällt kein Mensch hin.« Meine Mutter ist aufgestanden und sucht in unserer braunen Tasche. Der Vater schüttelt mich so heftig, daß mein Kopf, der schon lange ruhig war, wieder anfängt wehzutun. Ich sage: »Wir haben uns draußen getroffen und uns gestritten und geschlagen. Das ist wahr.« Er fragt: »Wer ist das, wir?« Ich sage: »Du kennst ihn nicht«, ich kann auf einmal lügen wie lange nicht mehr. Meine Mutter hält ein Handtuch bereit, von dem es tropft, sie nimmt mich dem Vater weg und führt mich zum Licht ans Fenster. Der Vater folgt uns und sieht zu. »Geh zu Professor Engländer und frag, ob er ihn sich ansehen kann«, sagt meine Mutter. Der Vater fragt: »Können wir damit nicht warten, bis der Appell vorbei ist?« »Nein«, sagt sie böse, »oder ist dir der Weg zu gefährlich?« Da geht er auf Zehenspitzen los, und endlich streichelt mich meine Mutter. Sie sagt: »Du mußt verstehen, daß er so aufgeregt ist.«

Sie legt mich auf das Bett, meinen Kopf nimmt sie auf den Schoß. Ich denke, daß ich ihr später vielleicht die Wahrheit erzählen werde, nur ihr. Sie sagt: »Du bist so müde, mein Kleiner.« Es ist ein Glück, bei ihr zu liegen, obwohl sie mich mit ihrem Finger nicht schlafen läßt. Sie spricht mit irgend jemandem, ein paarmal fällt das Wort *wahrscheinlich*. Ich öffne die Augen, da lächelt sie auf mich herunter, als wäre ich etwas Komisches.

Der Vater hält ein dunkles Fläschchen in der Hand. »Engländer hat mir Jod gegeben«, sagt er. Ich frage: »Wird es wehtun?« Meine Mutter sagt: »Ja, aber es geht nicht anders.« Da stehe ich auf und trete ein paar Schritte zurück, weil ich finde, daß es genug wehgetan hat in dieser Nacht. Der Vater sagt: »Hör nicht auf sie, es tut nicht weh. Es reinigt nur die Wunde.« Das klingt schon besser. Er sagt: »Ich kann es dir beweisen.« Ich passe sehr genau auf, schließlich geht es um meinen Schmerz, ich sehe auf seinen ausgestreckten Arm. Er träufelt ein paar Tropfen aus dem Fläschchen auf den Arm, sie bilden einen kleinen schwarzen See und laufen langsam auseinander. Dann sagt er: »Das soll wehtun? Denkst du, ich würde das Zeug freiwillig auf meinen Arm gießen, wenn es wehtun würde?« Ich sehe mir seine Augen aus der Nähe an und finde nicht die kleinste Spur von Schmerz. Ein weiterer Beweis ist, daß meine Mutter von uns weggeht; sie hat sich geirrt und will es nicht zugeben, da geht sie einfach weg. Der Vater sagt: »Komm her jetzt.« Ich halte ihm den Ellbogen hin, er dreht meinen Arm ein bißchen, damit die Tropfen genau die Wunde treffen.

Wortschatz

abgebrüht	hardened	**holen**	to fetch, here: to be taken away
der Anführer	instigator, ring-leader	**der Jod**	iodine
ausholen	ready to spank, hit	**klauen**	to steal
die Bettruhe	complete bed-rest, here: ironic, "lights out"	**der Käfig**	cage, here: metaphor for "mouth"
blühen	here: to be in store for	**"Schmalz in den Ohren"**	"wax in his ears," i.e., not listening
durchprügeln	to thrash	**schubsen**	to shove
der Eisenstab	rod (of iron)	**die Strebe**	support, crossbeam
der Feigling	coward	**streicheln**	to stroke, caress
geräumt werden	to be evacuated, cleared	**tuscheln**	to whisper
gucken	to look, peep	**die Ungeheuerlichkeit**	monstrosity
das Hinterhältige	sneakiness	**verschworen**	in conspiracy
hocken	to squat	**zermartern**	to torment

Auswahlliteratur

Aleichem, Sholem. *Teyve the Dairyman and the Railroad Stories*. New York: Schocken, 1996.

Becker, Jurek. *Bronsteins Kinder*. Frankfurt a. M.: Suhrkamp, 1986.

―――――. *Der Boxer*. Frankfurt a. M.: Suhrkamp, 1976.

―――――. *Jakob der Lügner*. Frankfurt a,.M: Suhrkamp, 1969.

Cohen, Sara Blacher. *Jewish Wry: Essays on Jewish Humor (Jewish Literature and Culture)*. Bloomington: Indiana University Press, 1987.

Frieden, Ken. *Classic Yiddish Fiction: Abramovitsh, Sholem Aleichem, and Peretz* (SUNY Series in Modern Jewish Literature and Culture). Albany: State University of New York Press, 1995.

Hilsenrath, Edgar. *Der Nazi und der Friseur*. München-Zürich: Piper, 1990.

―――――. *Das Märchen von letztem Gedanken*. München-Zürich: Piper, 1989.

―――――. *Die Abenteuer des Ruben Jablonski: Ein autobiographischer Roman*. München-Zürich: Piper, 1997.

―――――. *Das Unerzählbare erzählen*. München-Zürich: Piper, 1996.

Lamping, Dieter. *Von Kafka bis Celan: Jüdischer Diskurs in der deutschen Literatur des 20. Jahrhunderts*. Göttingen: Vandenhoeck & Ruprecht, 1998.

Leiser, Erwin. *Leben nach dem Überleben*. Königstein/TS: Athenäum, 1982.

Lipman, Steve. *Laughter in Hell: The Use of Humor during the Holocaust*, Northvale, New Jersey: Jason Aronson, 1993.

Roskies, David G. *The Literature of Destruction: Jewish Responses to Catastrophe*. Philadelphia: Jewish Publication Society, 1992.

Torberg, Friedrich. *Die Erben der Tante Jolesch*. Munich-Vienna: Langen Müller, 1978.

―――――. *Die Tante Jolesch oder der Untergang des Abendlandes in Anekdoten*. Munich-Vienna: Langen Müller, 1975.

―――――. *Süßkind von Trimberg*. Munich-Zürich: Droemer Knaur, Frankfurt a. M.: S. Fischer, 1972.

―――――. *Die zweite Begegnung*. New York: S. Fischer, 1950.

―――――. *Hier bin ich mein Vater*. Wien: Bermann-Fischer, 1948.

―――――. *Mein ist die Rache*. Wien: Bermann-Fischer, 1947.

Wisse, Ruth R., ed. *The I.L. Peretz Reader*. New Haven-London: Yale University Press, 2002.

Auf fremden Straßen werden wir fahren,
Durch Land und Länder stößt uns der Wind,
Heimat und Heimat reißen die Völker
Uns von den brennenden Sohlen fort,
Nirgends ist Wurzel dem stürzenden Stamme,
Wanderschaft stets unsere wandelnde Welt,
Doch selig, selig wir Weltbesiegten,
Denn sind wir auch nur Spreu aller Straßen,
Nirgends verschwistert und keinem genehm,
Ewig doch geht unser Zug durch die Zeiten
Zu unserer Seelen Jerusalem!

Stefan Zweig, *Jeremias* (1916)

Wiedergewonnene Heimat?

This section loosely concerns how contemporary German and Austrian Jewish writers examine the way they are perceived by society, the nature of their national identity, and their connection to Israel. While some of these writers take a distinctly modern approach to these issues, others echo the perspectives taken by German and Austrian Jewish writers before the Shoah. Ernst Bloch, the German Jewish philosopher, once mused that a *Heimat* is "something that appears to everyone in childhood and where no one has ever been." The writers whose work is presented here also show that a national identity and a homeland are perhaps more a matter of the heart than of birth, language, geography or religion. Nevertheless, as representatives of the post-Shoah generation, their work exposes the varied ways they envision their own national identity, juxtaposed against the way it is viewed by non-Jewish society. Since the works presented here consider some of the most enduring themes in Jewish literary history: identity, assimilation, dissimilation and Zionism, it is worthwhile considering their historical background.

Although Jews have lived in Germany and Austria for over a thousand years, it was rare for Jews to feel completely at home in these countries, even before the Shoah. This is not for lack of trying. After Jewish Emancipation, German and Austrian Jews acculturated quickly, believing that they had finally been given a chance to end their *Heimatlosigkeit*. Distancing themselves from traditional Jewish lifestyles, they embraced their new cultures to the point of becoming some of their most prominent progenitors. Many of the most famous German writers of the late nineteenth and early twentieth century were Jews, including Peter Altenberg, Franz Kafka, Joseph Roth, Felix Salten, Arthur Schnitzler, Else Lasker-Schüler, Franz Werfel, and Stefan Zweig to name but a few. Despite the fame of these Jews and their work, they never escaped being labeled Jewish. For the most part, Jews were seen as unassimilable outsiders, even Jews who Germanized their names, converted to Christianity, achieved social prominence, or died for their nations during the First World War, were still regarded, often disparagingly, as Jews by the majority of society. For instance, the cultural contributions of Gustav Mahler and Hugo von Hofmannsthal were considered 'Jewish in nature' despite the former's conversion and the latter's negligible Jewish ancestry.

Jews not only had to contend with an inability to escape being labeled a Jew, there was also a proliferation of 'racial anti-Semitism' at the turn of the century fueled by pseudo-studies, pamphlets and articles alleging that Jews were biologically, psychologically and morally inferior to non-Jews. At universities from Berlin to Vienna, anti-Semitism was cloaked in academic acceptability by professors who expounded on racial theories concerning Jews. This made universities largely inhospitable environments for Jews, as noted in the Austrian writer and physician Arthur Schnitzler's autobiography, *Jugend in Wien*.[1] More specifically, Jews were barraged with material describing them as ugly, malformed, and weak, causing many to internalize these notions, resulting in a poor self-image. It is no wonder that the founder of modern cosmetic rhinoplasty, Jacques Joseph (1865-1934), was a Jew. As early as the late 1800s, Jews flocked to him to transform their 'Jewish noses' to conform to a 'non-Jewish' form. It seems that surprisingly little has changed, for many of the writers included in this volume discuss their desire to transform their bodies, particularly their noses, to appear 'less Jewish.'

While there were some Jews willing—though largely unsuccessful—to divorce themselves from their Jewish identity and other Jews, many refused to go to extreme lengths to sacrifice their heritage, culture or religion for the sake of becoming more socially acceptable to Germans or Austrians. In the words of Franz Kafka, this made Jews into 'wanderers between two worlds': neither completely at home in a German nor Jewish context. More to the point, as tolerated guests in their own countries, their identities were borrowed on faith and as history revealed, it was only a short time before the Nazis revoked their validity.

Yet well before the Nazis came to power, Jewish disillusionment over the failure of acculturation and fear of anti-Semitism led them to work toward a homeland of their own. Inspired by the national movements of Poland, Italy and Hungary to name a few, early Zionists including Moses Hess (1812-1875) and Leo Pinsker (1821-1891), posited both that Jews have a national identity of their own and that no country has, or ever will, allow them to be part of a non-Jewish nation without suspicion, discrimination, or persecution. Zionists were not only concerned with obtaining land for the Jews to live unhindered by anti-Semitism, many also believed that a Jewish homeland would help revive

---

1   Arthur Schnitzler. *Jugend in Wien: Eine Autobiographie*. Ed. Terese Nickl and Heinrich Schnitzler.Wien-München-Zürich: Fritz Molden, 1968

the Jews spiritually and instill a sense of pride and honor in being Jewish, while affording an opportunity to return to being an agricultural people, as in the days of the Torah—a far cry from the bourgeois intellectual image with which they were associated in Germany and Austria.

Originally a staunch assimilationist, Theodor Herzl (1860-1904) turned to Zionism after covering the Dreyfus Trial for the *Neue Freie Presse.* He considered the trial proof that Jews would never be free from the clutches of anti-Semitism unless they have a nation of their own. With this realization, he sat down "inspired by Wagner's music" and wrote *Der Judenstaat. Versuchung einer modernen Lösung der Judenfrage.*[2] Herzl's visionary blueprint for a Jewish state set into motion the political Zionism that would eventually lead to the establishment of Israel in 1948 after a United Nations vote.

Since the founding of Israel in 1948, *all* Jews from Algeria to Zanzibar have a land they can call their own. Yet even after the Shoah some German and Austrian Jewish survivors returned to their former homes because they longed to have their identity back: their language, their culture, the world of their youth. Indeed, these are the qualities that made so many Jews before the war feel at home in these countries despite anti-Semitism. However to choose to live in these countries after the war is also to choose not to live in the Jewish *Heimat*: Israel. In the 1930s, Chaim Weizmann summed up the Jews *Heimatlosigkeit*, by noting that there were "two kinds of countries in the world—those that want to expel the Jews, and those that don't want to admit them."[3] Jews who remained in Germany or Austria, or those who decide to live there, are choosing troubled soil over what many see as 'the Promised Land.'

Even though Jews continue to live in the *Diaspora*, there are few who can ignore the significance of the establishment of Israel. After all, Jewish communities throughout time, including the present day, function, to some extent, as satellites of the spiritual Jerusalem for which they long. It is part of the consciousness of all Jews that the Romans exiled them from their land after Judea fell and their temple was destroyed in 70 CE. Despite the Jews' separation from their *Heimat*, it remained an integral part of their lives, culture and religion, inspiring Heinrich Heine to claim that Jews have a "portable homeland." As the Nobel prize-winning Jewish writer A. Y. Agnon maintains, "Through a historical catastrophe—the destruction of Jerusalem by the Emperor of Rome, and the exile of Israel from our country—I was born in one of the cities of the Diaspora. But I always deemed myself as one who was really born in Jerusalem."[4] Indeed, based on Jewish religious festivals and prayer, all Jews live in a kind of virtual Israel. For instance, the celebration of Jewish holidays, such as the harvest festivals of *Sukkot* and *Tubish'vat* follow the agricultural

2   Theodor Herzl. *Der Judenstaat. Versuchung einer modernen Lösung der Judenfrage.* Augsburg: Ölbaum, 2000

3   Joseph Telushkin, *Jewish Humor: What the Best Jewish Jokes Say About the Jews.* New York: William Morrow, 1992, p. 108

4   Amos Elon. *The Israelis: Founders and Sons.* New York-Chicago-San Francisco: Holt, Rinehart and Winston, 1971, p. 45

rhythm of the Judaen desert, while Jews reaffirm their commitment to return to Jerusalem each year through prayer and festivals, such as *Pessach*.

The first piece in this section, "Jeanette: Meine Heimat ist in mir" comes from an anthology of personal reflections on identity by German and Austrian Jews, based on a series of interviews conducted by Peter Sichrovsky in the 1980s. Sichrovsky was born in 1947 to Viennese Jewish parents in England. After the war his parents returned to Vienna where he grew up and eventually studied chemistry and pharmacology. He spent six years working in the pharmaceutical industry before becoming a freelance writer in Berlin. In addition to this volume, he has written three books concerning health.

Through the interviewee "Jeanette," he presents the realization that, as a Jew, she will never be able to exchange her Jewish identity for a German one. Indeed this is a common thread linking all of the writing in this book, for while these authors are invariably products of their German and Austrian environments—through their use of German alone—no matter how much they try to escape that which makes them Jewish, it remains an inherent part of their identity.

In his essay *Deutsch Jüdischer Parnaß* (1912) published in *Kunstwart*, the most popular intellectual magazine of its day, Moritz Goldstein grappled with this same issue. His article initiated the *Kunstwartdebatte*, as it was known, which was one of the most important public debates concerning the role of Jews in German culture and society and created a forum for Jews and non-Jews alike to address the nature of Jewish identity in a German context. Goldstein's essay, however, was directed at the acculturated Jewish population. He hoped to convince them that the best way to normalize their relations with Germans and, in turn, feel more confident as Jews was to stop trying to be Germans and to start accepting themselves as Jews: "Machen wir uns doch nichts vor: wir Juden, unter uns, mögen den Eindruck haben, als sprächen wir als Deutsche zu Deutschen—wir *haben* den Eindruck. Aber mögen wir uns immerhin ganz deutsch fühlen, *die andern fühlen uns ganz undeutsch*."[5] According to some of the writers in this section (Rabinovici, Biller, Kaminer), Jews are still reacting to their environments as they did before the war, trying to escape or suppress all that is Jewish, committing what Alfred Döblin likens to a form of suicide.[6]

Sichrovsky claims that working on this project afforded him "eine Sehnsucht, trotz der traurigen Vergangenheit mit einer jüdischen Gegenwart und Zukunft zu leben." Yet he remains uncertain whether Jewish life can exist in a land where one feels removed from one's history, traditions and *Gemeinschaft*, where one is drawn to associate with other Jews simply because "mit den 'anderen' alles noch schwieriger ist." Sichrovsky claims to speak for a generation

---

5   Moritz Goldstein. *Deutsch-jüdischer Parnaß*, as quoted in: Elizabeth Albanis. *German-Jewish Cultural Identity from 1900 to the Aftermath of the First World War: A Comparative Study of Moritz Goldstein, Julius Bab and Ernst Lissauer*. Tübingen: Max Niemeyer, 2002, p. 79
6   Alfred Döblin. "Jüdische Erneuerung" (1933) in: *Schriften zu jüdischen Fragen*. Solothurn-Düsseldorf: Walter, 1995, p.53f.

of post-Shoah Jews, when stating that part of the reason why Jews feel so cut off from their own identity is due to their own attempts at assimilation: "Das Vakuum, in das wir hineingebrochen wurden, versuchten wir zu überwinden, indem uns jede politische oder sonstige Gruppierung eher als mögliche Heimat erschien, als die eigene Tradition."[7] Just as so many Jews at the turn of the century did, "Jeanette" explains that she turned away from her Jewish identity and embraced German culture. Still, she was only able to create an "Illusion," concluding, much like Döblin, Goldstein and George Hermann[8] nearly a century before, that the homeland she seeks to create for herself will never be found by denying her identity.

During the Austro-Hungarian Empire, the notion of a harmonious *Vielvölkermonarchie* became a popular *topos* despite a proliferation of perfidious nationalist movements and growing social tensions. In his landmark work, *Der habsburgische Mythos in der österreichischen Literatur*, Claudio Magris describes Austria's myth making as a response to an "Orientierungslosigkeit in der neuen chaotischen Welt" brought on by the fall of the empire. He states that Austrians cling to "jene idealisierende und verzaubernde habsburgische Tradition und nahmen damit die verfremdende Mythisierung der historischen Wirklichkeit, die das ganze Zeitalter Franz Josephs gekennzeichnet hatte an, oder zumindest auf sich."[9] Magris posits that this mythmaking is not only an important characteristic of Austrian literature but also an important feature of Austrian society both before and after the fall of the empire.

Even today, a fanciful version of Vienna's past is evoked as a way to understand its contemporary identity, indicative in its tourist campaign slogan, "Wien bleibt Wien," expressing a sense of pride in the city's ability to withstand time by maintaining its old world culture and charm. Nevertheless, many contemporary Austrian Jewish writers take issue with what they perceive as Austria's fantasizing, including Robert Menasse, who writes: "Wien ist nicht die Stadt, als die sie errichtet scheint. Das Imperiale gehört keinem Imperium mehr, das Barocke keinem Phäakentum, das Biedermeier keinen sanften Idyllen, die Moderne keinen Modernisierern. Sowie an den Galerien dieses Freundenhauses keine Lust wandelt."[10]

Though there is a dubious side to such mythmaking, as mentioned in the **Einleitung**, it is also representative of the great love many have had, and continue to have, for Austria and in particular, Vienna. Jews can be counted among some of Austria's greatest admirers, often extolling the merits of Austria and its former empire in their literature. As the seat of the Habsburg Empire and

---

7   Peter Sichrovsky. "Peter S. Nachtrag zu Lebzeiten" in: *Wir wissen nicht was morgen wird, wir wissen wohl was gestern war,* p.184
8   George Hermann is the author of the once popular book, *Jettchen Gebert,* Berlin: Volksausgabe, 1932. Though he was originally known for promoting assimilation in his writing, he later became disillusioned and turned to dissimilation.
9   Claudio Magris. *Der habsburgische Mythos in der modernen österreichischen Literatur,* Vienna: Zsolnay, 2000, p.11ff.
10 Robert Menasse. *Dummheit ist machbar.* Vienna: Sonderzahl, 1999, p.89

home to the beloved Kaiser Franz Joseph, who openly likened anti-Semitism to the "Dummheit des Jahrhunderts," the Jews of Vienna not only thrived before the war, they thought that they had finally found their dream city—a city Herzl likened to a new Jerusalem. Whether Austrian or Jewish, the nature of those enchanted by Vienna is perhaps explained best by George Orwell: "The true Vienna lover lives on borrowed memories. With the bittersweet pang of nostalgia he remembers things he never knew. The Vienna that is, is as nice a town as there is; but the Vienna that never was, is the grandest city ever."[11]

Schindel, one of Austria's most famous contemporary poets, was born in 1944 in Bad Hall/Oberösterreich and survived the war in a *NS-Wohlfahrtsheim* in hiding under the name Robert Soel. While studying philosophy and pedagogy, he became an activist in the 68er movement. After completing his studies, Schindel edited a literary journal, *Hundsblume* and served as a correspondent for various newspapers. Much of Schindel's work concerns the nature of Jewish identity in Austria after the Shoah, including his semi-autobiographical book, *Gebürtig*. Schindel has published five books of poetry and a number of essays. Schindel's poems "Vineta I" and "Vineta 2," from *Ein Feuerchen im Hintennach*, are included in this section to present a distinctly Austrian Jewish perspective on post-war Vienna while navigating the historical and physical topography of Vienna, a city he deems a "Vergessenshauptstadt."

In his short story "Der richtige Riecher," Doron Rabinovici, like Schindel, affords an insight into identity and anti-Semitism in modern day Austria. Refreshingly, its Jewish protagonist, Amos, is neither embarrassed about his Jewish identity nor is he afraid to stand up against anti-Semitism. Through Amos, Rabinovici shows that a Jew no longer has to resign himself to anti-Semitism in Austria, even when it appears as seemingly harmless banter. While Amos displays pride in being Jewish, it is his bond with Israel that reinforces his strong Jewish identity. Amos takes a decidedly new approach to dealing with anti-Semitism, just as Rabinovici's reference to a *Riecher* in this story alludes not to a Jewish nose on its way to an operating table, but rather to someone with a good instinct.

In his essay "Der nationale Doppler," Rabinovici, who was born in Tel Aviv in 1961, considers his own identity as being split into two conflicting halves: "Vor einigen Tagen drohte der in Tel Aviv geborene Doron R. dem in Wien lebenden D. Rabinovici damit, die Beziehungen zu ihm zu überdenken. Seitdem geht es auch in mir rum. Die beiden können nicht mehr voreinander lassen, streiten und urteilen hart über die Medien, aber bloß über jene des jeweils anderen Landes."[12] Later, Rabinovici's inner Israeli disparages his Austrian self: "Ihr Diasporajuden feiert den israelischen Unabhängigkeitstag, lasst es Euch gut gehen, weil Ihr wisst, dass Ihr jederzeit bei uns Unterschlupf finden könntet.

---

11 Werner Hanak, "quasi una fantasia. Zur Dramaturgie einer Ausstellung," in: *Quasi una fantasia. Juden und die Musikstadt Wien*. Wien: Jüdisches Museum Wien und Wolke, 2003, p.23

12 Doron Rabinovici, "Der nationale Doppler," *Der Standard* (October 18 1999)

Was machst Du überhaupt noch in Wien, Du Überfremdling?"[13] By evoking the terminology of anti-Semites, who throughout history have viewed the Jews as strangers, Rabinovici hints at his own indecision about whether Jews can ever have a real place in Austrian society.

Rabinovici studied medicine, psychology, ethnology, and history at the University of Vienna. His first book *Papirnik* (1994) consists of a series of vignettes that take place in contemporary Vienna, including "Der richtige Richer." Rabinovici has also published a surreal thriller, *Suche nach M. Roman in zwölf Episoden* (1997), which deals with the nature of guilt in post-Shoah Vienna. Rabinovici's *Instanzen der Ohnmacht. Vienna 1938-1945: Der Weg zum Judenrat*, presents an historical account of how the administration of Vienna's Jewish community was restructured and taken over by the NS regime, and how it forced Jewish leaders to cooperate with the Nazis. Rabinovici is also a social activist, founder of the Austrian branch of Peace Now *(Wiener Freundesbewegung der israelitischen Friedensbewegung "Schalom Aschaw")* and outspoken critic of Austria's far right political party, the FPÖ, and its leader, Jörg Haider.

Although many Jews blame the failure of the peace process between the Palestinians and the Israelis on the refusal of Palestinian leadership to crack down on terrorist groups, there is a vocal minority who disagrees with many of Israel's policies, particularly how Israel deals with the settlers and the willingness to use force to maintain sovereignty and security. Dischereit's essay is not only indicative of this perspective, it also considers whether a Jew can disassociate her identity from Israel and remain a Jew in the eyes of non-Jewish German society. Dischereit's disapproval of Israel results partly from her pacifist abhorrence of militarism and partly because she sees herself in the eyes of others as being a less than authentic Jew because she is not Israeli. Yet should the authenticity of a Jew depend on the opinions of non-Jews?

According to Sander Gilman, it is symptomatic of self-hatred for "outsiders" [Jews] to accept "the mirage of themselves generated by their reference group— that group in society which they see as defining them—as a reality."[14] Since Jews have been a minority, they have often been at risk of viewing their own identity through the eyes of the majority. Many Jews before the Shoah, for example, felt the need to safeguard their tenuous Austrian and German identities by distancing themselves from the influx of traditional, impoverished Jews fleeing pogroms in Eastern Europe and Russia. At that time, Jews wanted to be seen as German and their religious connection to traditional, unassimilated Eastern European Jews was threatening, particularly since many anti-Semites believed that behind all assimilated exteriors hid the real Jew, who, in caricatures, was made to resemble the traditional Jews of the east. Similarly, other Jews saw Zionism as a threat to their German or Austrian identities. Numerous polemics

---

13 Doron Rabinovici, "Der nationale Doppler", *Der Standard*, (October 18 1999)
14 Sander L. Gilman. *Jewish Self-Hatred: Anti-Semitism and the Hidden Language of the Jews*. Baltimore: Johns Hopkins University Press, 1986, p.2

against the Zionist movement were written by Jews, perhaps most notably Karl Kraus's *Eine Krone für Zion*, which delineates his socialist and pacifist worldview, distain for nationalism, and desire to divorce himself from Zionism for fear that it could call his Austrian identity into question.

Similar to early twentieth century Jewish critics of Eastern European Jewish emigration or the Zionism movement, Dischereit blames Israel for her own perceived lack of authenticity and in turn denounces certain elements of Judaism because they imply a connection to Israel. She does not assign any blame to the Germans, who, in her mind, dictate criteria as to what constitutes a "good" and "real" Jew in Germany. Thus her politics are filtered through an irreconcilable personal discomfort concerning the nature of her identity as a Jew in Germany. Although expressing a desire to be perceived as an 'echte Jude,' she proposes discarding one of the central concepts of Judaism: the Diaspora, which remains a necessary component of Judaism until the "ingathering of the exiles" at the time of the Messiah. Moreover, as noted earlier, whether one accepts the modern state as the ultimate homeland for the Jewish people, the land of Israel is central to Judaism.

In his essay "Heimat? Nein Danke!," Henryk M. Broder considers some of the same issues examined by Dischereit, stating however that neither the role of Israel nor the Diaspora should be altered:

> [...] eines kann gesagt werden: mit der Errichtung eines jüdischen Staates wurden die Juden von einer Problematik eingeholt, die ihnen nur die Wahl zwischen falsch und verkehrt läßt. Falsch, undenkbar wäre es, diesen Staat aufzugeben. Verkehrt und nicht machbar wäre es, die Diaspora aufzulösen, alle Juden in Israel anzusiedeln. Also bleibt es beim jüdischen Staat hier und jüdischer Diaspora dort und der gespaltenen Persönlichkeit mittendrin. Wir können über das Spannungsverhältnis zwischen spritueller und realer Heimat reflektieren und auch darüber, ob die zweite nicht auf die Kosten der ersten geht. Irgendeine Lösung für das Problem gibt es nicht, aber Probleme sind nicht dazu da, daß man sie löst, sondern daß man sich mit ihnen arrangiert. [15]

Even Jews critical of Israel, at times, find themselves conflicted about the merits of assimilation and whether Jews can construct an identity devoid of Israel. For instance, Dischereit on the one hand tries to distance herself from the elements within Judaism that are exclusive, while on the other hand, compares writing for a largely non-Jewish audience to 'prostitution.'[16] In her essay "Kein

---

15 Henryk M Broder, "Heimat? Nein Danke!" in: *Ich liebe Karlstadt und andere Lobreden*, Augsburg: Ölbaum, 1987, p. 35

16 Esther Dischereit as quoted in: Katharina Ochse, "What Could Be More Fruitful, More Healing, More Purifying? Representations of Jews in German Media after 1989," in: Sander L. Gilman and Karen Remmler (eds.), *Reemerging Jewish Culture in Germany: Life and Literature after 1989*, New York-London: New York University Press, 1994, pp.113-129 (p.128)

Ausgang aus diesem Judentum," she even admits that Israel can serve to provide Jews with a sense of security in the face of anti-Semitism:

> Wenn ich mich hier kritisch dazu äußere, so verkenne ich doch nicht, was es für einen Juden in Deutschland bedeutet, um die Möglichkeit eines israelischen Passes zu wissen. Auch ich weiß das seit den Tagen der Pogrome in Deutschland wieder besser. Aber zuvor würde ich doch nichts unversucht lassen, einen anderen europäischen oder amerikanischen Paß zu erhalten.[17]

Dischereit has grappled with the nature of an authentic Jewish identity in much of her writing, including her critically acclaimed novel, *Joemis Tisch— Eine jüdische Geschichte*. This novel tells the story of a Jewish woman's awakening to her identity after years of being "un-jüdisch" through a desire to understand better her deceased mother and Germany's past. While Dischereit's work addresses other topics as well, including xenophobia and sexism, she seems to struggle, more than anything, with what constitutes a Jewish identity, anti-Semitism, and what appears at times to be Germany's complacency about its past. Perhaps Dischereit's interest in what constitutes an authentic Jewish identity is derived from her own background, which is representative of both a German and Jewish heritage. She was born in 1952 to a Jewish mother and a non-Jewish father in Heppenheim/Bergstrasse. She has written novels, polemical essays and articles, radio shows, theatrical productions and poetry.

Though Maxim Biller's essay also concerns Israel, his perspective is markedly different from Dischereit's. He takes a more expository approach, attempting to explain the kind of dialogue that takes place between Germans and Jews concerning Israel, while reflecting on what Israel means to him and the role it plays in the lives of the Jewish people, both in Israel and Germany. Like Henryk Broder, Biller suggests that there is a tendency in Germany to use a radical leftist view of the Israeli-Palestinian conflict to displace Germany's guilt regarding the Nazi's treatment of the Jews. To some degree, he touches on the tenuous divide between criticism of Israel and anti-Semitism, for so-called anti-Zionism, more often than not, calls into question Israel's very right to exist. Biller considers how the Jewish nation is of particular interest to non-Jews in Germany, and how it is often the subject of unfair scrutiny. As early as 1913, the German Jewish writer and poet Richard Beer-Hoffman anticipated this problem in a letter to Martin Buber:

> Wir stehen unter anderen Gesetzen der Beurteilung als andere Völker; ob wir nun wollen oder nicht – was wir Juden tun, vollzieht sich auf einer Bühne – unser Loos [!] hat sie gezimmert. Art und Unart anderer Völker wird selbstverständlich hingekommen. Aber alle Welt darf auf Publikumssitzen lümmeln und die Juden anstarren. Blick, Stimme, Haltung, die Farbe der Haare, die Ma[ß]e des

---

17   Esther Dischereit, *Übungen, jüdisch zu sein. Aufsätze*. Frankfurt a.M.: Surkamp, 1998, p.26

Körpers—alles soll gehässigen Richtern Rede stehen—und wehe,
wenn wir nicht als Halbgötter über die Szene schreiten.[18]

Biller too feels that the Jews are placed on the constant defensive: "Als Jude
über Israel sprechen heißt, es zu erklären. Es erklären heißt, es zu verteidigen."
Despite this role, Biller recognizes that many Jews living in the Diaspora have
little understanding of the land themselves and that while it is a religious axiom
to hope for a return to Jerusalem, a Jew's connection to Israel is not always
religious. The way he alludes to the Pesach phrase "next year in Jerusalem"
in the title of his essay with reference to Tel Aviv, a city known more for its
beaches than its religious sites, is indicative of this view.

Though demanding of German language students, this essay has been
included for its sophistication in dealing with the way Jews are confronted with
their connection to Israel in a German context, both of their own accord and
through confrontations with a curious and opinionated non-Jewish population.
Biller is particularly well known for writing critically adroit and often
humorously sarcastic polemics of contemporary German Jewish relations and
identities. Biller was born in 1960 in Prague, where he lived until moving to
Germany with his family in 1970. The sharp candor with which he highlights
the complexities concerning Germans and Jews has earned him praise and
condemnation. In an article for *Die Welt,* a prestigious German newspaper, the
writer Feridun Zaimoglu goes so far as to describe him as "den begabtesten
Polemiker Deutschlands."[19]

Wladimir Kaminer is a relatively new member of the German literary scene,
but his book, *Russendisko,* from which "Russen in Deutschland" is taken, made
him an overnight success. Representative of the majority of Jews in Germany
today, Kaminer is an immigrant from the former Soviet Union. Born in Moscow in
1967, Kaminer studied sound engineering and theater before coming to Germany
in 1990. In Germany, Kaminer has put all of his talents to work, running his own
radio show, "Wladimir's Welt," DJ-ing and writing. While many of the writers
included in this anthology were born outside of Germany and Austria, Kaminer
is representative of one of the tens of thousands of Russian Jews who have
immigrated to Germany during the past few decades. Kaminer's work highlights
the problems facing Russian Jews' integration into German Jewish society, while
humorously detailing the way they were cut off from Jewish culture and religion
in Russia. Although other writers in this volume emphasize the problems facing
Jews living in Germany or Austria, for Kaminer, Germany represents a solution:
it is the ground on which Russian Jews are being reintroduced to Jewish culture,
religion, and even the Jewish people. It is perhaps the most hopeful view of
Germany as a vital homeland for a growing and vibrant Jewish population.

---

18 Richard Beer-Hoffmann to Martin Buber (April 3, 1913) as quoted in: Alexander Kosenina,
    "'…was wir Juden tun, vollzieht sich auf einer Bühne – unser Los hat sie gezimmert.' Richard
    Beer-Hofmanns Briefwechsel mit Martin Buber (1910-1936)", *Modern Austrian Literature*,
    29 (1996), 45-81 (pp.54f.)
19 Feridun Zaimoglu, "Gerechtigkeit für Maxim Biller" in: *Die Welt,* (February 16, 2002)

PETER SICHROVSKY

Jeanette: Meine Heimat ist in mir

1. What is the narrator's relationship to Judaism? What is the significance of Judaism to her grandmother? How is the narrator's daughter's relationship to Judaism impressed upon her?

2. How does Jeanette's impression of a *Heimat* develop during her life?

3. What is the significance of the narrator's 'nose-job'? How is Jeanette's physical appearance linked to her quest for a *Heimat*?

Mein Leben ist wie ein Roman, aber wie ein schlechter. Doch ich habe die Hoffnung nicht aufgegeben, im Gegenteil. Heute kann ich über die Vergangenheit sprechen voller Hoffnung auf die Zukunft. Trotzdem, die Zeit bisher wird mich immer beeinflussen.

Schon über meine Geburt zu erzählen fällt mir schwer. Ich weiß nichts Genaues. Meine Großmutter und meine Mutter haben mir immer wieder einander widersprechende Versionen erzählt. Ich bin Ende Dezember 1945 in Berlin geboren. Meine Mutter war damals 17 Jahre alt, noch Schülerin, und sie war während des Krieges in Berlin gewesen. Wie sie hier überlebt hat, weiß ich nicht. Ihre Mutter hat sie jedenfalls noch vor dem Krieg taufen lassen, der Vater starb schon früh. Ich war 12 Jahre alt, als ich zum ersten Mal erfuhr, wer mein Vater ist, doch selbst diese Geschichte kann erfunden sein. Damals, mit zwölf, drängte ich meine Mutter immer wieder, mir zu erzählen, wer mein Vater sei, und vor allem, wo er sei. Sie erzählte mir widerwillig, daß er russischer Soldat war, ein Jude aus Kiew,[1] Lehrer von Beruf. Sie erzählte, daß sie ihn nur ganz kurz gekannt habe und er noch vor meiner Geburt verschwunden sei. Sie wußte auch seinen Namen und wo er in Kiew wohnte, aber all ihre Briefe blieben unbeantwortet. Sie hatte nie wieder etwas von ihm gehört.

---

1 **Kiew** capital of Ukraine, formerly a main city of Russia

Das ist also mein Vater, ein jüdisches Phantom. Es gibt kein Bild von ihm, keinen Brief, nichts, was mich an ihn erinnern könnte, nur die Bemerkungen meiner Großmutter, daß ich ihm sehr ähnlich sehen würde. Ich kam also Ende Dezember als Siebenmonatskind[2] in der Berliner Charité[3] als vielleicht erstes Besatzungskind[4] zur Welt, mit einer getauften halbjüdischen Mutter und einem jüdischen Rotarmisten als Vater, die alle beide nichts von mir wissen wollten.

Nach einem dreiviertel Jahr verschwand meine Mutter und ließ mich bei der Großmutter zurück. Von nun an nannte ich meine Großmutter »Mutti« und meine Mutter »Mama«, und beide waren nur ein schwacher Ersatz für das, was ich haben wollte, wonach ich mich immer sehnte. Ich hatte plötzlich überhaupt niemanden mehr. Die Großmutter war die Mutter, die Mutter verschwunden, über den Vater sprach man nicht, und der Großvater war schon lange tot, ein Leben in einem gefühlsmäßigen Vakuum. Das Thema Vater war ein derartiges Tabu, daß ich selbst als Schulkind immer wieder die Fragen der Lehrer nach meinem Vater mit dem Satz beantwortete: ich habe keinen Vater! Und mit den oft zynischen Bemerkungen anderer, irgendeinen wirst du schon haben usw., konnte ich nichts anfangen.

Ich wuchs also bei meiner Großmutter in Ostberlin auf, die mich wirklich sehr liebte. Doch ihre Liebe, das waren vor allem Verbote. Sie preßte mich in eine jüdische Tradition, mit der ich nie etwas anfangen konnte. Sie war streng, verbittert und oft auch ungerecht. Wahrscheinlich auch überfordert, nun alleine in ihrem Alter ein Kind aufzuziehen. Aber meine ersten jüdischen Erlebnisse kamen von ihr. Sie schleppte mich in die Synagoge, erzählte von den jüdischen Festen, von koscherem Essen, aber immer ohne innere Anteilnahme. Es waren Geschichten aus einer versunkenen Welt. Märchen, die mir fremd waren und die ich hörte, ohne daß mir bewußt war, daß sie mit mir auch etwas zu tun hatten. Daß ich selbst Jüdin sein könnte, kam mir damals trotz den Einflüssen meiner Großmutter nicht in den Sinn.

Doch die Lügen über meinen Vater wurden zu einem unüberwindbaren Problem. Ich begann den anderen Kindern Geschichten zu erzählen, daß ich ihn getroffen hätte, er sich jedoch verstecken müsse und was weiß ich noch alles.

Als ich 11 Jahre alt war, wurde meine Großmutter sehr krank. Sie kam in ein Krankenhaus und ich in ein Kinderheim. Da man nicht

---

2 **Siebenmonatskind** euphemism for child conceived before parents' marriage
3 **Charité** hospital in East Berlin
4 **Besatzungskind** illegitimate child of member of occupying forces

damit rechnete, daß sie wieder gesund werden würde, überlegte man, in welches Heim ich kommen sollte. Es war eine schreckliche Zeit. Ich kann mich erinnern, daß man mich von Heim zu Heim schleppte, um sie mir zu zeigen. Ich sollte mitentscheiden. Aber meine »Mutti« wurde wieder gesund, kam nach Hause und ich wieder zu ihr. Doch die Angst, im Falle ihres Todes in ein Heim zu kommen, war so stark in mir, daß ich unbedingt weg wollte. Meine Mutter lebte damals in Westdeutschland. Ich versuchte alles, um zu ihr zu kommen. Sprach ständig davon, daß ich abhauen würde, daß ich nie in einem Heim bleiben würde, und ließ einfach nicht locker, bis man mich zu ihr schickte.

Was nun folgte, war das totale Chaos. Meine Mutter konnte mit mir überhaupt nichts anfangen, es gab ständig Prügel, ich mußte die gesamte Hausarbeit machen und wurde wie ein Dienstmädchen behandelt. Noch einmal fuhr ich zurück nach Ostberlin zur Großmutter, doch dort war wieder die Angst vor dem Heim, so daß ich mich entscheiden konnte zwischen einer Mutter, der ich nur eine Last war, und einer Großmutter, die alt und krank war und mich nicht mehr lange bei sich haben konnte. Ich floh zurück. Kaufte mir als Elfjährige eine Bahnsteigkarte am Bahnhof Zoo[5] und fuhr ohne Karte nach Hamburg. Dort stieg ich in einen anderen Zug um, wurde von der Bahnpolizei aus dem Zug geholt, sie verständigten meine Mutter, die mich holte.

Damals begann ich mich für meinen Vater zu interessieren und gab nicht mehr nach, fragte meine Mutter immer wieder, bis sie mir die Geschichte über den jüdischen Soldaten aus Kiew erzählte. Nun paßte auf einmal vieles zusammen. Mein Vater war Jude, dazu die ständigen Ausflüge ins Judentum mit meiner Großmutter, das Gefühl in mir, ein Außenseiter zu sein, anders auszusehen, anders behandelt zu werden, die Fragen von Leuten auf der Straße, ob ich Jüdin sei, alles ergab plötzlich ein Bild, wie in einem Puzzlespiel, in dem die verwirrenden einzelnen Steine vorerst ohne Bedeutung herumliegen. Ich ging damals zum ersten Mal alleine in die Synagoge der Stadt und nahm am Gottesdienst teil. Und sie nahmen mich auf, als hätten sie schon lange auf mich gewartet. Ich war plötzlich von Wärme und Zuneigung umgeben, ich erhielt Religionsunterricht vom Kantor und hatte ein Zuhause. Ich sah damals auch sehr jüdisch aus, hatte schwarzes dichtes Haar und eine sehr stark gebogene Nase. Ich hielt mich für häßlich. All diese hellen blonden Mädchen aus der Klasse hatten längst ihre Freunde und wurden umschwärmt. Nur ich sah anders aus, war anders, sprach anders. Und

---

5 **Bahnhof Zoo**   train station in West Berlin

plötzlich in der Synagoge waren alle so wie ich. Das erste Erlebnis
in diesem Zusammenhang hatte ich, als mich die Lehrerin fragte,
ob ich nicht zwei Mädchen, die aus Südamerika gekommen waren,
Deutschunterricht geben würde. Ich sah die beiden und erschrak, wie
sehr sie mir ähnlich sahen. Als ich dann erfuhr, daß sie eigentlich aus
Israel gekommen waren und vorher aus Südamerika, wurde mir mehr
und mehr klar, warum ich so anders war.

Die Synagoge in der Stadt, wo ich mit meiner Mutter lebte, war wie
eine kleine Familie. Nur wenige Juden lebten damals dort, und jeder
Feiertagsgottesdienst wurde mit einem gemeinsamen Essen fortgesetzt,
es wurde gelacht, gesungen, und ich hatte das Gefühl, daß mich alle
dort liebten.

Doch auch gegenüber meiner deutschen Umwelt wurde ich zur
Jüdin. Es muß sich auch auf mein Auftreten gegenüber anderen
ausgewirkt haben. Als ich noch mit meiner Großmutter lebte, fragten
sie die Leute oft, ob ich Französin oder Italienerin sei. Jetzt sahen sie
in mir die Jüdin. Versicherten mir oft ganz fremde Menschen auf der
Straße oder im Kaufhaus, daß sie früher auch jüdische Freunde gehabt
und von all den Verfolgungen nie etwas gewußt hätten. In der Schule
wurde ich zum jüdischen Alibi. Wann immer auch nur der geringste
Zusammenhang gegeben war, kam der um Zustimmung bettelnde Satz
der Lehrerin: Nicht wahr, Jeanette? Sie unterstützte mich und umwarb
mich in einer derart unangenehmen Art, daß es mir schon verdächtig
vorkam. Als ich dann noch trotz schlechter Leistungen, durch ihre
Intervention in die 12. Klasse versetzt wurde, begann ich, mich näher
für sie zu interessieren. Durch einen Zufall erfuhr ich, daß zahlreiche
Lehrer und Lehrerinnen durch ihre Denunziation verhaftet worden waren
und das Leben für jüdische und kommunistische Kinder in ihren Klassen
ein Horror war. Es war unerträglich für mich, von dieser Frau protegiert
zu werden. Ich war nicht mehr imstande, für die Schule zu arbeiten,
wurde immer schlechter, dazu kamen immer wieder psychosomatische
Erkrankungen wie Kreislaufzusammenbrüche, eine Odyssee durch
Krankenhäuser und Arztpraxen, nirgends wurde etwas gefunden. Man
stellte ein angeblich zu kleines Herz fest, welches aber noch wachsen
könne, und schickte mich nach Helgoland zur Kur. Nach sechs Wochen
Kuraufenthalt suchte ich mir einen Job, die Schule war vorbei, ebenso
die Synagoge und der Kontakt zu anderen Juden und Jüdinnen. Auf
Helgoland machte ich ein Jahr lang jede Arbeit, die ich bekommen
konnte, egal ob Zimmermädchen, Verkäuferin oder Serviererin. Ich war
weg von meiner Mutter, verdiente mein eigenes Geld und fühlte mich

ganz gut, zum ersten Mal selbständig und zumindest mit einer winzigen Spur von Freiheit.

Doch ich wollte nicht immer Zimmermädchen bleiben. Nach einem Jahr war ich hungrig nach Lernen, wollte der Welt zeigen, was in mir steckte, und beschloß, nach Berlin zu gehen, um das Abitur nachzumachen.

Meine Großmutter war inzwischen von Ost- nach Westberlin gezogen. Sie war alt geworden, aber es ging ihr wieder ganz gut, und ich nahm mir ein Zimmer bei ihr.

Es waren schwere Jahre, die dann folgten. Ich nahm jede Stelle an, um Geld zu verdienen und ins Gymnasium gehen zu können. Es gab keine Arbeit, die ich nicht getan habe in dieser Zeit. Die Großmutter hatte eine winzige Rente, und von meiner Mutter konnte ich soundso kein Geld erwarten.

Ich schaffte das Abitur und begann Psychologie zu studieren. Damals lernte ich auch meinen späteren Mann kennen. Er war kein Jude, wußte jedoch von Judentum und jüdischer Geschichte mehr als ich. Er war unheimlich belesen auf diesem Gebiet, und heute glaube ich manchmal, daß ich ein lebendes Objekt seiner Studien war.

Wir heirateten 1968 und gingen voll in der Studentenbewegung auf. Lebten natürlich in einer Wohngemeinschaft, waren bei jeder Demo, diskutierten bis spät in die Nacht und hatten plötzlich das Gefühl, Teil einer großen Bewegung zu sein. Ich stülpte mir eine neue Identität über, voller Illusionen, nun endlich eine Heimat gefunden zu haben, eine Heimat aus Menschen, aus Freunden, Genossen und Mitstreitern. Als ich mit meinem Mann in eine eigene Wohnung zog, wollte ich meine jüdische Vergangenheit vergessen. Ich hatte in Berlin keinen Kontakt zu anderen Juden, auch nicht zur Gemeinde, die Jüdin gab es nicht mehr. Alle rückten eng zusammen, und die Wärme kam aus der Bewegung, dem gemeinsamen Gegner, der verband, und die Illusion, nun endlich eine unter vielen zu sein.

Um das letzte Indiz meines Außenseitertums zu entfernen, tat ich etwas, was ich noch heute bereue. Ich ließ mir meine Nase operieren.

Ich ließ sie mir wegschneiden, meine jüdische Nase, sie zurechtstutzen zu einer ganz normalen deutschen Nase. Dieser Traum, endlich eine der einen und nicht mehr eine der anderen zu sein, ließ mich alles vergessen, was meine Vergangenheit und Identität bis dahin ausmachte. Jahrelang hatte ich Schuldgefühle wegen dieser verdammten Nasenoperation.

Ich machte mir Vorwürfe, mein Jüdischsein verraten zu haben. Vor allem, weil all meine Träume von einer neuen Gemeinschaft und Geborgenheit sich sehr bald als zerplatzende Seifenblasen entpuppten.

1969 kam meine Tochter zur Welt, danach ging leider unsere Ehe in die Brüche. Ich mußte mein Studium abbrechen und lebte von nun an mit meiner Tochter alleine. Wieder stand ich vor einem Scherbenhaufen. Die Wohngemeinschaft zerfiel, ich hatte ein Kind, doch keinen Vater, zu wenig Geld, um zu studieren und für das Kind und mich zu sorgen. Die Studentenbewegung war alles andere als eine Heimat, und die Jüdin in mir hatte ich mir freiwillig wegoperieren lassen.

Als meine Tochter etwa zwei Jahre alt war, war ich zu Weihnachten bei Freunden eingeladen. Ich war ziemlich uninteressiert an dem ganzen Geschehen, saß in einer Ecke des Zimmers, in dem auch der geschmückte Baum stand, und beobachtete meine Tochter. Sie saß unter dem riesigen, toll aufgeputzten Baum, der voller Kerzen und Süßigkeiten war, und spielte mit irgendeinem Geschenk, welches sie bekommen hatte. Ich war verwundert, wie uninteressiert sie an dem Baum war. Er schien ihr völlig egal zu sein. Keine strahlenden Augen, kein seliger Blick, kein Staunen über die brennenden Kerzen und silbernen Engel, nichts. Sie spielte so, wie sie zu Hause immer spielte.

Damals dachte ich mir, so geht's nicht. Du hast eine Tochter, die wächst in einem totalen Vakuum auf, ohne Tradition und Identität. Jüdin ist sie keine, eine richtige Deutsche wird sie nie sein, Weihnachten interessiert sie nicht und von Chanukka hat sie keine Ahnung.

Ich beschloß, mich wieder den Juden anzuschließen. Aber diesmal war es nicht so einfach. Hier in Berlin verlangte man Beweise. Die hatte ich nicht. Ich fuhr zurück in die Stadt meiner Mutter und mußte erfahren, daß man mich dort nie offiziell aufgenommen hatte. Sie gaben mir das Papier nicht, das ich für die Gemeinde in Berlin benötigt hätte, ich war ein Niemand. Keine Jüdin, keine Christin, eine Deutsche nur auf dem Papier; vielleicht eine Russin?

Ich hatte noch Namen und Adresse meines Vaters. Mit einer Reisegruppe fuhr ich nach Kiew, fand Straße und Haus, die er genannt hatte, doch niemand kannte ihn. Ich sprach mit Menschen, die seit mehr als dreißig Jahren in dem Haus wohnten. Keiner kannte einen Juden, einen Lehrer, der hier gewohnt haben sollte und als Soldat in Deutschland war. Der Vater blieb eine Illusion, von dem ich nur von meiner Mutter wußte, daß er ständig an seinem Motorrad herumbastelte. Mehr wußte auch sie nie zu erzählen. Später im Hotel erzählte man mir, daß die Straße, die ich aufsuchte, eine sehr bekannte in Kiew sei und der Name einer wie Schulz und Maier in Deutschland. Was würde ein Berliner in Kiew sagen, wenn man ihn nach seinem Namen und Wohnort fragt, und er möchte nicht die Wahrheit sagen? Wahrscheinlich: ich heiße Schulz und wohne am Kurfürstendamm. So ähnlich war die Information, aufgrund derer ich meinen Vater in Kiew suchte. Es war aussichtlos. Ich gab es auf.

Zurück in Berlin wollte ich unter allen Umständen Mitglied der jüdischen Gemeinde werden. Es war die einzige Heimat, die mir noch blieb. Als ich bei der Übertrittszeremonie vor dem Rabbiner stand, sah er mich an und sagte:

»Was wollen Sie übertreten? Sie sind doch Jüdin!«

Es war schön, dies zu hören. Auch wenn es eine Art Rassismus war, diese Zuordnung aufgrund meines Aussehens. Aber ich war froh darüber. Ich wurde in die Gemeinde aufgenommen.

Meine Tochter schickte ich schon lange vorher in den jüdischen Kindergarten und bemühte mich, ihr eine jüdische Erziehung zu geben. Wir gingen regelmäßig in die Synagoge, und ich versuchte, in ihr ein Interesse und Verständnis für das Jüdischsein zu erwecken. Sie wehrt sich heute ein wenig, akzeptiert nicht mehr alles so selbstverständlich und entdeckt ihren eigenen Willen. Trotzdem glaube und hoffe ich, daß sie sich immer als Jüdin fühlen wird.

Statt des Studiums machte ich eine Ausbildung als Bibliothekarin, kein idealer Ersatz, aber wenigstens eine Ausbildung. Ich habe heute eine Arbeit, von der meine Tochter und ich ganz gut leben können, wir haben eine schöne Wohnung, und es gibt auch immer wieder Beziehungen. Keine von Dauer, leider, ich hätte nichts dagegen. Das Alleinsein fällt mir schwerer, als ich früher gedacht habe. Doch ich habe Freunde, gute Freunde gefunden. Die Rückkehr zum Jüdischsein, zu jüdischen Freunden und Freundinnen war eine Rückkehr nach einem Zuhause, welches ich dazwischen verlassen hatte. Und meine Selbstsicherheit ermöglicht mir heute sogar angenehme Gefühle zu empfinden, wenn ich an meine Außenseiterrolle denke. Nicht so wie die meisten und trotzdem nicht einsam zu sein, ist eine sympathische Kombination von Gefühlen, die ich erst jetzt seit ein paar Jahren imstande bin, positiv zu sehen.

Es gibt auch in Berlin eine Gruppe von Juden, die der Gemeinde nicht sehr nahesteht. Meist linksorientierte, oft politisch oder künstlerisch engagierte Juden, die sich regelmäßig treffen. Diese Gruppe stärkt das Rückgrat, gibt ein wenig Halt und Mut. Es ist schon schön zu wissen, daß sie existiert, daß es Menschen gibt, die man anrufen kann, gemeinsam mit jenen, die Kinder haben, die Feste feiern kann, und zu wissen, man ist nicht alleine und auch kein Außenseiter.

Denn eines habe ich gelernt in diesen unruhigen Jahren meines Lebens: Die Heimat, die ich immer wieder verzweifelt suchte, konnte ich nur in mir selbst finden.

Wortschatz

abhauen	(slang) to beat it, take off	die Last	burden
		die Prügel	beating
aufputzen	spruce up	das Rückgrat	spine, backbone
das Auftreten	appearance	der Scherbenhaufen	pile of shards
belesen	well-read	taufen	to baptize
betteln	to beg	überfordern	to overtax
der Halt	support	übertreten	to convert
der Kreislaufzusammenbruch	(medical) circulatory collapse	unüberwindbar	insurmountable
		verdächtig	suspicious
		zurechtstutzen	to trim

ROBERT SCHINDEL

1. What are the conflicting views of Vienna in these two poems?
2. What sense do you get of Schindel's relationship to Vienna?
3. What are these two poems trying to express and how do they do it differently?

Vineta 1

Ich bin ein Jud aus Wien, das ist die Stadt
Die heiße Herzen, meines auch, in ihrem Blinddarm hat
Die schönste Stadt der Welt direkt am Lethefluß[1]
Ich leb in ihr, in der ich so viel lachen muß

Einst Welthauptstadt des Antisemitismus ist sie heute
Vergessenshauptstadt worden. In ihr lachen Leute
Die für das nackte Leben grad gnug Tränen haben
Sitzen in der Dunkelküche, eine halbe Welt geladen

Dies Wien liegt dennoch nicht im Österreiche
Und wer noch glaubt, daß diese Stadt, die herzensbleiche
Dem Land der Hauptsitz ist vom schroffen
                                        Alpenbunker
Der soll vom Transalpinen[2] kommen da herunter
Möge uns geben den Devisenklunker[3]
Und in der Hofburg riechen Östreichs beste Leiche

Ach diese Stadt ist nicht fürs Alpenglühen da
Sondern sie lebt, wie ich, längst in Diaspora

---

1   **Lethefluß**   In mythology, river of forgetfulness
2   **Transalpine**   train crossing the Alpine Mountains
3   **Devisenklunker**   wads of foreign currency

Vineta 2

In Wien kenn ich dir jeden Stein
Paul Stein am liebsten, jeden Stern
Am lachendsten den Willy, jeden Hochroizpointner[4]
Karli
Den Präsidenten aber auch den Ratzer Charlie

In Wien kenn ich die meisten der Kastanienbäume
Und jeden Mokka, ob beim Kalb oder im Prückel[5]
Den Rotwein sowieso, den Heurigen[6] der Brünnerstraße
Den Stephansdom um halb vier morgens fest im
Augenmaße

Kenn dir den Wiener, ob vermummt als Trafikant[7]
Oder herausgesagt vor allen Ohren als Sekkierer
Die Frauen kenn ich dir, ob aus Hernals
Oder verhuscht im Wiental[8] allenfalls

Was ich nicht kenn in Wien, was kenn ich denn?
Den Radius der liederlichen Einöd Stufensteigen?

Vom Hörensagen kenne ich den echten Judenscherz
Und mit der Zahnbürste spür ich des echten Wiener
Herz

In Wien kenn ich dir jeden Stein und jeden Stern
Lebe in dieser Stadt so mittelgern

Wortschatz

der Blinddarm	appendix		gruff, harsh
grad gnug	(dialect) *gerade genug*, just enough	Sekkierer	(Wienerisch) *Belästiger*, someone who annoys
herzensbleich	(coined) "pale of heart"	verhuscht	gone off into hiding
die Leiche	corpse		
schroff	double meaning: steep, as mountains; also,	vermummt	in the guise of, masked as

4   **Hochroizpointner Karli**   Schindel might be referring to someone who clowns around based on the Wienerisch 'den Karl machen,' which comes from a once famous Carltheater known for its humorous material.
5   **Kalb** and **Prückel**   places in Vienna to eat, Prückel being the author's favorite coffeehouse
6   **Heurige**   wine garden with its own variety of wine, typical of Austria
7   **Trafikant**   Someone who works in a Trafik, a kiosk that sells tobacco, magazines, newspapers and transportation tickets
8   **Hernals** and **Wiental**   Districts of Vienna

DORON RABINOVICI

Der richtige Riecher

1. What views do the demonstrators reveal about Jewish life in Austria?
2. Throughout this story various 'Jewish homelands' are mentioned (Austria, America and Israel). How are they presented?
3. What are the motivations behind Amos' reactions to his best friend's remarks?

Amos war unvermutet auf eine Menge gestoßen, die sich in der Fußgängerzone zusammengebraut hatte; auf einen Auflauf von Menschen, Frauen und Männern, überwiegend älteren, die hier zusammengefunden hatten, um ihre Einsamkeit zu verlieren und sich miteinander gemein zu machen, um jeweils kleine Gasexplosionen an Verstimmung abzusondern, die bald schon aufdampften. In jene Ausdünstungen des Dünkels schlich Amos Getreider sich ein. Vorerst glaubte er, unbeteiligt hindurchschlendern, in unverdrossener Unbekümmertheit sich unterhalten lassen zu können. Auf seinen Lippen lag ein eitles Lächeln.

Auf diesem Platz hatte eben noch eine politische Veranstaltung stattgefunden. Die Masse zerfiel bereits in einzelne Menschentrauben, als in den allgemeinen Einklang Töne des Mißmuts einkehrten und Widerspruch laut wurde. Einige wenige hatten versucht, Flugblätter mit unangenehmen Fragen unter den Leuten zu verteilen. Doch die Zettel wurden ihnen von der aufgebrachten Menge aus den Händen gerissen, und irgendwo war einem der Gegendemonstranten ein Schild aus der Hand gerissen und auf dem Kopf zertrümmert worden. Hier stand der nun, hielt benommen sein Haupt, die Brille lag am Boden, und schon war die Polizei zur Stelle, um seine Personalien aufzunehmen. Verstört griff der junge Mann seinen Schädel ab – stellte fest, daß er blutete. Dem Inspektor, der ihn zur Rede stellen wollte, antwortete er nicht, er schaute bloß stumpf auf das Blut in seiner rechten Handfläche und tastete mit seiner Linken den Schmerz ab. Zwei Uniformierte drehten ihm plötzlich den Arm auf den Rücken, während ihr Vorgesetzter ihn weiterhin befragte, aber der Mann verstand nicht, sei es, weil er als Ausländer der Sprache nur langsam folgen konnte und der regionale Dialekt ihm vollkommen unbekannt war, sei es, weil jener feiste Herr, der auf ihn eingedroschen hatte, laut auf die Polizei einschrie und brüllend die Arretierung des Gegendemonstranten verlangte. Der Fremde blickte verwirrt umher, schreckte laut auf, als sein Arm hochgerissen wurde, widersetzte sich, als er festgenommen und in den Polizeibus gezwängt wurde.

In jenen Tagen war das sonst so einmütige Schweigen, jene verschworene Stille unter den Menschen, gebrochen worden, und was den Grundakkord, den guten Ton der Gesellschaft gebildet hatte, war über die Jahre zum Mißklang verkommen. Um das Unerhörte zu übertönen, waren die Menschen heute hier zusammengelaufen. Was aber aus ihnen sprach, verriet, was sie zu vertuschen suchten.

Amos, der bloß durch den Aufruhr flanieren wollte, war bald in den Sog der Gespräche geraten. Das Vergehen der Vergangenheit war den meisten, die Unvergänglichkeit der Vergehen einigen wenigen anderen das entschiedene Anliegen. Ein kleiner Mann schrie Amos an: »Wenn es euch hier nicht paßt, dann geht doch nach Israel – oder nach New York.«

»New York is more fun«, sollte Wochen später Professor Rubinstein von der Columbia University über W. befinden, als er Amos eines Tages fragte, ob er hier – in dieser Stadt, in diesem Land – bleiben wolle. »Ich will nach der Matura in Israel leben«, hatte Amos plötzlich – und zu seinem eigenen Erstaunen – geantwortet. »New York is more fun«, wiederholte daraufhin Aron Rubinstein und kaute auch noch die deutsche Übersetzung im amerikanischen Akzent hervor.

Seit mehreren Wochen schon saß Susi, Professor Rubinsteins schwarzhaarige Tochter, neben Amos in der Klasse. Seine Mutter war von dem Mädchen aus Brooklyn entzückt gewesen und hatte die amerikanische Familie zu ihrem Pessachtisch eingeladen. Rubinsteins waren weder traditionell noch sentimental, ließen sich jedoch Chale, Kreplachsuppe, gefilten Fisch[1] und den Rest des Menüs gut schmecken. Sie verstanden zwar keines der Gebete des alten Getreider, waren aber von den hebräischen Liedern und sonstiger Folklore hellauf begeistert.

Susi verbrachte die wenigen Monate, in denen ihr Vater in W. Vorlesungen halten sollte, mit Amos, den sie um so lieber gewann, der ihr um so mehr bedeutete, je näher die Rückfahrt nach Amerika

---

1 **Chale, gefilter Fisch, Kreplachsuppe** traditional Jewish foodstuffs: braided Jewish bread eaten at Shabbat (Chale), eastern European Jewish chopped fish dish served at Pesach (Passover), soup made with triangle-shaped dumplings, traditionally eaten the day before Jewish holidays.

heranrückte, und obwohl seine Mutter schon am Morgen nach dem Festessen befunden hatte: »So ein schönes Mädele[2]«, war auch Amos von Susi begeistert gewesen.

Susi kümmerte sich in der Schule, die sie nur vier Monate lang besuchen sollte, so wenig um die Benotung, daß auch ihr Banknachbar Amos – er war nie ein fleißiger Schüler gewesen – in seinen Leistungen hoffnungslos zurückfiel. Sie versuchte Amos so oft wie möglich zu sehen, um, wie sie betonte, Deutsch sprechen zu lernen. Vielleicht hoffte die einsame, gekrauste Amerikanerin, sich in ihm, diesem blassen und fahrigen Jüngling, widerspiegeln zu können.

Professor Aron Rubinstein sagte: »New York is more fun«, und als Amos widersprechen und den Staat, der gegen die jüdische Not begründet worden war, verteidigen wollte, beharrte der Professor: »Ich liebe Israel. Es ist ein Selbstreinigungsprozeß für uns. Alle rassistischen, spießigen Juden aus Brooklyn, die Schwarze hassen, fahren nach Israel, um dort mit noch besseren Gründen Araber hassen zu können. Ich liebe Israel. Es ist ein Selbstreinigungsprozeß für uns. New York is more fun.«

»Wir hassen die Juden nicht«, betonte mitten in der Menge ein älterer Herr mit weißem Vollbart und lächelte versonnen. Er hatte laut gesprochen, um die allgemeine Erregung zu übertönen, war aber dennoch ruhig geblieben. Er wollte das Hauptthema der Versammlung – über alles Getöse hinweg – wieder aufklingen lassen. Die schrillen Attacken der Menge gegen eine junge Frau, eine Kritikerin, überging er, ahndete Beleidigungen mit scharfem Blick oder winkte jegliche Polemik begütigend ab. Er redete ganz langsam: »Wir hassen die Juden nicht. Aber die Juden – ja? – , die Juden hassen uns, vielleicht nicht einmal zu Unrecht, ich würde uns vielleicht auch hassen, aber jetzt muß doch endlich Schluß sein mit dem Haß.«

Die Gegendemonstrantin fiel ihm ins Wort. Wohlartikuliert antwortete der ältere Herr, holte mit seinen Armen weit aus, sagte: »Aber ich bitte Sie, mein Fräulein«, faltete die Hände gemütlich auf seinem Kugelbauch und setzte fort: »Wir hassen die Juden nicht. Das ist doch alles eine Kampagne: Da schließt die Angst ein unheilvolles Bündnis mit dem Haß. Sie fragen, welche Angst?« nahm er ihre Frage vorweg, um mit erhobenem Zeigefinger zu bedeuten: »Die Angst vor dem Verlust der Macht. Welcher Haß? Na, welcher wohl?«

Er blieb die Antwort vorerst schuldig, aber als die junge Frau noch nicht verstanden hatte, erklärte er: »Der alttestamentarische. Aug' um

---

2 **Mädele** (Yiddish) girl

Aug', Zahn um Zahn.« Seine Augen waren nun bedeutungsvoll geweitet, und er war mit einem Mal ganz still geworden.

Nun hatte sie begriffen, was er gemeint hatte, wovon er gesprochen hatte – und wogegen. Ihre kurzen Einwürfe wehrte er freundlich ab: »Hören Sie, mein Fräulein, eigentlich mögen wir alle Rassen«, und unter dem beifälligen Nicken anderer fuhr der Mann mit Vollbart und weißem Lockenhaupt fort: »Wie schön, daß unsere Welt bunt ist. Sie muß sich nur in ihrer Buntheit als Ganzes begreifen, so wie ja auch alle Farben zusammen das weiße Licht ausmachen. Wäre es nicht dumm, wenn Blau und Gelb einander hassen würden oder Rot und Grün? Ebenso dumm ist es, wenn wir die Juden hassen und sie uns.«

Die Kritikerin war nach seinen letzten Worten verstummt, aber der Alte, ein Meister der Harmonielehre, sah sich mit einem Mal übereifriger Zustimmung ausgesetzt. Sein Appell wurde ergänzt durch Bekundungen gegen eine ganz bestimmte Person, einen Politiker, einen Juden.

Er besänftigte den leidenschaftlichen Herrn sogleich: »Ja, auch ihn müssen wir lieben. Ja. Denn unser Feind ist nicht er, sondern der Haß.« – »Welcher Haß?« fragte die junge Frau empört, doch er setzte fort: »Ja, und wir müssen ihren Haß überwinden. Da gibt es nur ein Mittel. Wir müssen die Juden so lange lieben, bis sie aufhören, uns zu hassen. Und wenn es noch solange dauert.«

Amos' Mutter war heiser, wenn sie von diesen Dingen sprach. Sie sagte: »Ich will, daß Du ihn schlägst. Hörst du?«

In der Früh weckte sie ihn mit lautem Singsang, und Vater beschwor sie: »Nicht so laut. Die Nachbarn«, aber seine Mutter trällerte weiter. Wenn sie ihn gleich darauf anbrüllte, weil er sich noch immer nicht aus dem Bett erhoben hatte, bat der Vater: »Nicht so laut. Die Nachbarn«, und Amos beruhigte er: »Ärger die Mutti nicht. Steh auf.«

Ihre Haare trug sie streng aufgesteckt, eingedreht und hochgetürmt zu dichtgezurrter Fülle, so blickte sie streng auf Amos herab, so lachte sie ihn an, so schaute sie auf ihren Sohn, ihren Kleinen, der altklug und früh schon sich in Witzen versuchte, der fragte: »Papa, bin ich lustig?«, dem sein Vater beschied: »Ja, Du bist sehr lustig«, den sie hingegen küssend tadelte: »Du bist ein Kasperl«, der sie bereits als Neunjähriger politisch zu belehren suchte, der sie fragte: »Mutti, bin ich klug?«, den sie küßte, und dann seufzte sie: »Du bist ein Kasperl.«

Schon als Vierjähriger hatte Amos sich angewöhnt, seinen Widerstand zu skandieren: »Nein, wir appessiiieren! Nein, wir appessiiieren!« hatte der Kleine erfunden, und als ihm der Vater gesagt hatte, er spreche das

Wort falsch aus, hatte er Mutter am nächsten Morgen, da sie ihn in den Kindergarten mitnehmen wollte, zugerufen: »Nein, wir protestiiiieren.« – »Es heißt appessieren«, hatte die dunkelhaarige Frau daraufhin versichert. »Protestieren! Protestieren!« fuhr es in ihm mit einem Mal verzweifelt hoch. »Nein, appessieren. Appessieren«, lachte sie ihn an, während sie seine Schuhe band. »Protestieren! Protestieren«, gluckste er widerwillig auf, doch sie bestand prustend darauf: »Appessiiieren! Appessiiieren! Appessiiieren«, und dann trippelten sie kichernd die Treppen im Stiegenhaus hinunter.

Sie schrie sich heiser: »Ich will, daß Du ihn das nächste Mal schlägst. Hörst du?« – Ein Schulkollege, Helmut, hatte ihm in der Pause gesagt, ihn hätte man in Mauthausen vergessen. Amos hatte den Jungen daraufhin zur Rede gestellt, hatte mit ihm diskutiert, wie er es seit seinem neunten Lebensjahr übte, und hatte zu erklären versucht.

»Ich will – hörst Du? – , daß Du so jemanden das nächste Mal schlägst. Diskutieren, Schmiskutieren![3] Nein. Wenn einer Dir so etwas sagt, will ich, daß Du ihn blutig schlägst. Hörst Du? Blutig! Ist mir ganz gleich, ob Du auch blutend nach Hause kommst. Ich werde Dich schon verarzten. Aber ihn sollst Du treten, sollst Du kratzen, damit Blut fließt, damit seine Kleider reißen, damit seine Eltern ihn fragen, wer das gemacht hat, damit sie sich beim Direktor über Dich beschweren. Hörst Du? Ich will, daß sie zum Direktor gehen, und dann werde ich in die Schule kommen und werde erklären, daß ich es Dir aufgetragen habe. Mach Dir keine Sorgen, ich werde es auf mich nehmen. Hast du verstanden?« schrie sie, und Papa – ahnungslos – kam zur Küche herein, sah Amos allein mit gesenktem Kopf dasitzen und sagte: »Folg Deiner Mutti. Du weißt doch, sie hat genug mitgemacht.«

Amos aber wollte sich nicht schlagen. Er vertraute auf die Kraft seiner Worte, auf die Gewandtheit seiner Rede. Er hatte niemals versucht, sich mit irgendeinem Dialekt, mit irgendeinem anderen Jargon als der Hochsprache zufriedenzugeben, da er fürchtete, den lokalen Akzent nicht beherrschen zu können, und sich zumindest im Einklang mit der Schrift wissen wollte.

Hebräisch war er ein anderer. Seine Stimme und sein Ausdruck schienen dann von besonderem Hochglanz, als töne sein Timbre in dieser Sprache des Südens, des Sommers und des Meeres in Metalisé. Das Idiom klang in tieferen Lagen aus ihm hervor, und er wußte sich darin

---

3 **diskutieren, schmiskutieren**   word play of Yiddish origin, *schm*-prefix attached to repeated word to indicate dismissal

so sicher, als wäre er hinter getönten Scheiben, als wäre er bewaffnet mit einer Sonnenbrille, als lehne er an einem Olivenbaum – einen Grashalm zwischen den Zähnen.

Irgend etwas in ihm glaubte, mit Hebräisch Zutritt zu einem exklusiveren Zirkel finden zu können, der nichts mit W., nichts mit seiner Schule, nichts mit seinen nichtjüdischen oder jüdischen Freunden, auch nichts mit den Frommen zu tun hatte, die er manchmal dunkel gekleidet durch die Straßen ziehen sah. Mochten sie auch noch so original verpackt wirken, in Hebräisch fühlte sich Amos zugehörig der stolzeren Ausgabe, der edel gebundenen Luxusausfertigung des jüdischen Assortiments.

Peter Bach war mit einem Mal aus der Menge getaucht. Der drahtig schlanke Jugendliche beugte sich zu dem älteren Mann mit weißem Vollbart hinunter und sagte: »Was soll das heißen: Die Juden. Die Juden, erklären Sie, hassen uns. Die Juden sollen wir lieben. Die Juden? Alle?«

Peter, der schlaksige Riesenknabe, war hinter dem schmächtigen Amos gestanden. Ein Lächeln blitzte zwischen den zwei Klassenkollegen auf, während ein kleiner Herr mit braunem Hut und schwarzem Anzug aufgeregt losschnarrte.

Beide, Peter und Amos, waren an diesem Tag nicht sofort von der Schule nach Hause gegangen, und sie hatten sich nicht – wie sonst – gemeinsam mit Georg Rinser in Richtung U-Bahn begeben. Die hundertfünfzig Meter von jenem neugotischen Bau bis hin zur Station, die Georg – er kam regelmäßig zu spät – jeden Morgen in wenigen Sekunden durchlief, kosteten die drei Freunde nachmittags mindestens eine halbe Stunde. Peter Bach war eigentlich nur Begleiter jenes Duos, dessen Verrücktheiten ihn amüsierten und dessen Streiche er begeistert geschehen ließ. Amos und Georg wiederum mußten Peters Vorsprung in amourösen Angelegenheiten neidvoll einbekennen, und Amos fragte ihn sogar um Rat, wenn er an Susi Rubinstein dachte und, als seine Eltern für einige Tage wegfuhren, die Wohnung für ein spätes Treffen mit Susi freistand.

Peter Bach sagte dem untersetzten Männlein mit Hut: »Hören Sie, was Sie da sagen, ist doch antisemitisch.« Doch der kleine Mann greinte bloß: »Ich bin kein Antisemit, ich kann bloß die Juden nicht leiden.« – »Aber das ist doch antisemitisch«, erklärte Peter, wurde aber von einem dicken Erwachsenen zurechtgewiesen: »Na und? Ein bißchen mehr Toleranz, junger Mann. Lassen Sie dem Herrn doch seine Meinung.«

Amos: Der Name war ein Schild. Kaum war er genannt, war für zwei Stunden Gesprächsstoff gesorgt. An Verleugnung seiner Herkunft war deshalb nicht zu denken, im Gegenteil: Er lernte, es zu genießen, andere durch seine Exotik zu befremden. Seine Haltung in diesen Fragen konnte imponieren, geriet aber zur Pose, zur Inszenierung, da sein aufrechter Stand mit Rückgrat nicht viel zu tun hatte und er sich immer der Unterstützung seiner Eltern gewiß sein durfte.

»Er kann ganz gut reden, unser kleiner Amos«, behauptete Peter, aber Georg setzte – während er Amos den Arm um die Schulter legte – hinzu: »Und ob. Ohne aufzuhören. Ohne zuzuhören. Am allerliebsten hört er sich selber.« Amos lächelte, und zu Hause erzählte er seiner Mutter: »Peter sagt, ich kann gut reden, und Georg gibt ihm irgendwie recht«, aber sie blickte bloß streng und seufzte: »Du bist und bleibst ein Kasperl.«

Noch immer standen einige Menschen in einzelnen Grüppchen auf dem Platz. Das Gespräch plätscherte daher, verdichtete sich bald wieder, prasselte los und brauste vollends auf, als habe ein Schleudern den Platz in der Innenstadt – unweit des Domes – erfaßt. Mit einem Mal flatterte ein Strudel Tauben hoch. Die Vögel kreisten dicht über der Menge und stiegen in Pfeilformation auf.

Eine ältere Dame in dunklem Kleid, mit weißen Spitzenhandschuhen, die bis zum Mittelgelenk reichten, ihre Fingerkuppen freiließen, mit einem unter den Arm geklemmten Regenschirm, hatte sich in die erste Reihe des Streits gedrängt. Ihr blaugraues Haar trug sie unter einem Hütchen, das mit einer Nadel festgemacht war. Aufgeregt wirbelte sie mit ihren Händen durch die Luft, und Amos fühlte sich an die eilfertigen Bewegungen flämischer Spitzenklöpplerinnen erinnert. Gestenreich schien sie vor sich hin zu spinnen, während sie sich in den Nasallauten eines ausgewählten und standesbewußt gefärbten Akzents erregte.

Amos hatte sich im Laufe der Diskussion heiß geredet und widersprach nun in scharfem Stakkato.

»Wie können Sie nur sagen, ich wäre antisemitisch«, brach es aus der Dame hervor. Amos: »Weil, was Sie sagen, antisemitisch ist.« – »Aber«, die Frau lächelte pikiert: »Antisemiten kann man doch riechen.« Sie hatte das Wort »riechen« besonders betont und die Nase gerümpft. Amos fragte freundlich und aufmunternd nach: »Juden wohl sicherlich auch?« Die Alte hielt kurz mit Händen und Worten inne und meinte sodann sinnend: »Ja, Juden wohl auch.«

Ein Schnaufen ging durch die Menge, sei es, weil einigen nun klar wurde, daß die ältere Dame überführt worden war, sei es, weil andere sich an einer Aussage ergötzen konnten, die einem schmutzigen, verbotenen Witz ähnelte, als ein Mittfünfziger sich vorbeugte und verkündete: »Bitte, das stimmt nicht. Die Juden kann man nicht riechen. Außer die polnischen.«

Peter riß es hoch, doch Amos Getreider sagte nur leise: »Meine Mutter ist eine Jüdin aus Polen.«

Ein Moment lang Stille, dann ergriff der Mann hastig die Hand des Siebzehnjährigen und sagte: »Oh, das tut mir aber leid.«

Amos – kopfschüttelnd – konnte sich eines Auflachens nicht mehr erwehren.

Das Gespräch hatte sich verlaufen. Amos blickte auf die Pestsäule, die[4] sich mitten in der Fußgängerzone hochtürmte. Das Denkmal war als Mahnung gegen den Schwarzen Tod errichtet worden. Es war das steinerne Dankgebet all jener, die von der Epidemie verschont geblieben waren.

In den ausgehenden Dezennien des siebzehnten Jahrhunderts zirkulierte die Seuche wieder durch weite Teile Europas, mischte sich unter die Leute und steckte Tausende an. Die Krankheit teilte das Volk, in jene, die noch der Seite des Lebens zugerechnet wurden, und in jene, die des Todes, die bereits erkrankt waren und kaum mehr auf Rettung hoffen durften. Wer von der Pest befallen war, wurde ausgesondert. Die Kleider der Infizierten wurden verbrannt. Die Leichen in Massengräbern verscharrt. Nur das Geld – die Münzen – wurde vor der Vernichtung bewahrt, mußte trotz der Seuche weiterzirkulieren.

Die Landesgrenzen wurden dichtgemacht und sollten seit jenen Zeiten bloß mit Gesundheitsbriefen noch passiert werden können. Regiment und Regierung hatten nun die Krankheit zu verjagen. Die jüdischen Menschen, die seit dem Mittelalter der Brunnenvergiftung[5] verdächtigt wurden, waren schon Jahre vorher aus der Stadt vertrieben worden.

Amos sah auf die Pestsäule, an der dunkle Gestalten in alter Tracht vorbeizogen. Die schwarze Schar ging über jenen Platz, auf dem vor kurzem noch die Veranstaltung stattgefunden hatte und die Menschenmassen grölend zusammengedrängt waren.

---

4   **Pestsäule**   a monument in Vienna commemorating the bubonic plague
5   **Brunnenvergiftung**   Jews were accused of poisoning wells and causing the bubonic plague in 1348-1349, accusations leading to the destruction of Jewish communities in Germany and other European countries.

Peter Bach schaute dem Blick des Freundes nach und stieß plötzlich hervor: »Weißt du, der Antisemitismus ist natürlich unentschuldbar, aber wenn ich die Orthodoxen sehe: Warum müssen sie sich immer so absondern? Sie müssen nicht unbedingt so herumlaufen. Außerdem: Warum akzeptieren sie nur, wer beschnitten ist? Irgendwie versteht man dann, wieso Ressentiments entstehen. Ich meine, besonders geschickt sind sie nicht, auch in politischer Hinsicht, zum Beispiel diese Herren…«

Just das war der Moment, in dem sowohl eine langjährige Freundschaft als auch Peters Nase zu Bruch gingen.

Peters Gesicht sollte mit diesem rechten Haken eine auffallende Wendung nehmen: Die klassische Geradlinigkeit, die sein Riechorgan bisher ausgezeichnet hatte, war dahin und geknickt. Um die Probleme, die sich aufgrund dieses Vorfalls in der Schule ergaben, brauchte sich Amos allerdings nicht zu sorgen; darum kümmerte sich selbstverständlich seine Mutter. Amos aber war mit einem Schlag zum Helden der Familie avanciert.

Wortschatz

ahnden	to avenge, punish	die Mißmut	ill-humor
anbrüllen	to scream at	mitgemacht haben	to have endured
altklug	precocious	das Rückgrad	spine, backbone
das Anliegen	request, concern	schlaksig	gangling
die Aufruhr	revolt, uproar	schmächtig	slight, thin
die Ausdünstung	evaporation, exhalation	die Seuche	epidemic
		skandieren	to chant
beschnitten	circumcised	spießig	bourgeois, (slang)
das Bündnis	alliance		square
der Dünkel	conceit	der Streich	prank
eitel	vain	trällern	to trill, hum
entzückt	delighted	überwiegend	predominant(ly)
ergötzen	to delight	unverdrossen	indefatigable
feist	fat, stout	die Unvergänglichkeit	
flanieren	to saunter		immortality
das Flugblatt	leaflet	unvermutet	unexpected(ly)
geschickt	skilled	die Verleugnung	denial,
das Getöse	noise, din		renunciation
der Kasperl	name of a famous puppet figure, similar to Punch	die Verstimmung	ill-feeling
		verstört	consternated
die Matura	final exam for secondary school (same as Abitur)	vertuschen	to cover, hush up

ESTHER DISCHEREIT

Im Schatten
»of my holy country«

1. Summarize Dischereit's position on Israel.
2. What is your sense of Dischereit's Jewish identity?
3. What is her understanding of the Diaspora? What is her understanding of a *Heimat*?

Fünfzig Jahre Israel – ist ein Label, das einleuchtet, es transportiert etwas »Sieghaftes«; fünfzig Jahre Judentum in Deutschland nicht. Ich bin jetzt als deutsche Jüdin (ein anderes Mal jüdische Deutsche) nachgefragt. Mag sein, ich sei »Israel« in Deutschland, sozusagen qua Geburt. Meine symbiotische Freude und kollektive Mitbetroffenheit an dem Ereignis wird unterstellt. Letzteres stimmt mindestens seit der Shoa. Vorher durfte ein deutscher Jude auch mangelnden Zionismus an den Tag legen und sich in einem jüdischen Mehrheitsumfeld wähnen.

Heute kann man es sich gewissermaßen nicht leisten, ihm nicht zuzuneigen – obwohl der koloniale Beigeschmack bleibt. Denn ich weiß ja nie – und weil ich nie weiß, kann ich es mir auch nicht leisten zu sagen, die Möglichkeit eines israelischen Passes interessiere mich für alle Zeit nicht. Das kann ich mir nicht leisten, das wirkt wie eine Versicherungspolice, auch wenn ich die gleichzeitige Annullierung palästinensischer Israel-Pässe wegen »Abwesenheit« oder dieses seltsamen Zustands »Anwesende Abwesende« (israelischer Rechtsbegriff) – in anderen Fällen sagt die Welt dazu Vertreibung und »Exil« – als Unrecht ansehe. Und natürlich weiß ich um das Trügerische der Sache mit dem Paß. Mal abgesehen von der Frage, daß auch Israel nicht vorbehaltlos alle Sorten Juden aufnimmt; manche stößt es wieder ab. Auch die unterlassene Proklamation einer Gleichheit der Bürger in einer geschriebenen Verfassung, ohne Ansehen der Person, des Geschlechts, der Rasse, des Glaubens…macht mir zu schaffen. So nimmt es einen mystisch religiösen Charakter an, dieses »nächstes Jahr in Jerusalem« – wie Haǧǧ nach Mekka. Denn ich fahre ja nicht. Ich gehöre zu den Unglücklichen, die in Israel keine Bekannten, Freunde oder Familie haben. Ich bin irgendwie ›unwahrscheinlich‹, da haben es einige meiner gojischen Freunde besser, viel besser. Ich kenne nur zwei echte Israelis, und das erst seit kurzem, und die sind auch noch in der Schweiz geboren, und dann wenige Palästinenser, aber die sind auch nicht gemeint. Der Außenminister, Herr Kinkel, der hat es besser getroffen, der hat einen israelischen Schwiegersohn und Normalität zu den Juden im eigenen Haus, wie er sagte.

Stimmt gar nicht: Ich kenne noch einen echten Sabre,[1] der ist weggelaufen wegen des Militärdienstes.

Ich bleibe gleichsam defizitär. Die Höhe einer israelisch/jüdischen Identität ist mir unerreichbar. Ich muß mir von Herrn Weizmann[2] sagen lassen, daß ich nach Hause gehörte, und von den nichtjüdischen Deutschen meinen das auch welche. Dabei kann ich noch nicht mal Hebräisch, wie sich das für einen guten Juden gehörte. Zumindest ist er zeitlebens damit beschäftigt zu bemänteln, daß es vielleicht doch nur zur BatMizwah (wenn denn wenigstens das) reichte. Mit acht Jahren lernte ich ein wenig Hebräisch, mit dreizehn Jahren noch einmal und wieder mit vierzig Jahren – und immer wieder, ohne Erfolg. Dieses Scheitern muß damit zu tun haben, daß ich mich gegen die Negation meines Selbst als jüdisches Kind, sofern ich mich nicht durch das Hebräische ausweisen konnte, sperrte, statt dessen Deutsch, ausgerechnet Deutsch – und noch nicht einmal irgendein Deutsch, ein sorgfältiges Deutsch. In den frühen Jahrzehnten nach 1945 sprachen Juden, die ich kennenlernte, in der Regel nicht Deutsch, Fetzen polnischer, jiddischer, rumänischer Sprache und Ivrit[3] – das Ivrit der Zurückgekommenen. So mußte ich mich in diesem Kreis des Deutschen eher schämen. Hebräisch galt dagegen auch in meinem humanistischen Gymnasium als die legitime Ausspracheform mit Gott und wurde für Söhne von Pfarrern unterrichtet. Da fühlte ich mich am falschen Platz; denn ich hatte das deutliche Gefühl, diese Kommunikation gar nicht anzustreben, jedenfalls nicht mit diesem Gott.

Als ich mich gegen das Hebräische sperrte, auf meinem schwachen, sich im Deutschen suchenden Ich beharrte, wußte ich nichts von jener Eintragung, die ich später als Tagebuchnotiz über den 21. März 1933 in Viktor Klemperers,[4] *LTI* fand: »Am schwarzen Brett unserer Hochschule

---

1   **Sabra**   Native born Israeli; also means a prickly pear fruit, which flourishes throughout Israel. This fruit is said to be symbolic of the Israeli: prickly on the outside but soft and sweet on the inside.

2   **Chaim Weizmann**   (1874-1952) former president of Israel

3   **Ivrit**   Hebrew for "Hebrew"

4   **Viktor Klemperer**   German Jewish professor who kept detailed journals (*LTI: Lingua Tertii Imperii*, to which the author refers in the text) of his experiences and the political climate in the 1930s and 1940s

hängt ein langer Anschlag (er soll in allen anderen deutschen Hochschulen ebenso aushängen): ›Wenn ein Jude deutsch schreibt, lügt er‹; er solle künftig gezwungen sein, Bücher, die er in deutscher Sprache veröffentlicht, als ›Übersetzungen aus dem Hebräischen‹ zu bezeichnen.« Deutschsein ablegen und Hebräerin werden? Meine Mutter jedenfalls dachte nicht daran. Und wenn das Ansinnen nun zurückkommt zu mir – und kommt daher im Gewand der Halacha[5] – , mag ich es auch nicht.

In den fünfziger und sechziger Jahren stammte alles, was man in den Gemeinden benötigte, aus Israel oder den USA. Die Palästina-Landkarte für den religiösen Unterricht, der Wein zu Pessach,[6] die Tischfähnchen zu Channukka. Das ist im großen und ganzen so geblieben. Man lehrte uns Hora[7] tanzen, weil alle dachten, wir gingen gleich heim. Allerdings waren schon welche von den Zurückgekommenen unter uns. Geblieben ist der Anspruch Israels, in den religiösen Fragen das Recht zur Alleinvertretung jüdischer Glaubensinterpretation zu behaupten. Diese Haltung gegenüber einer jüdischen Gemeinde, deren Existenz lange als nur vorübergehend betrachtet wurde, die selbst in der Enge einer bedrängten Minorität lebte, hat die Orthodoxie in Deutschland geradezu konserviert, und erst allmählich entwickeln sich mit Argwohn betrachtete Reformbestrebungen: eine Rabbinerin, ein Minjan, der von Frauen gestaltet wird…

Als ich mein Kind in den jüdischen Kindergarten brachte, sollte es wöchentlich einen Spendengroschen[8] für Israel mitbringen, und ich dachte an die Siedler und konnte nicht. Zum Jahrestag der Gründung Israels sollte es ein blauweißes Kleidchen anziehen und wie alle den Konsul begrüßen. Ich dachte an die Siedler und konnte nicht. Ich wollte auch nicht, daß es überhaupt jemals in den Nationalfarben eines Landes daherkäme. Als im vorigen Jahr ein Fest zur Huldigung des »wiedervereinigten Jerusalem«, offizielle Sprachregelung Israels, bedeutungsvoll im wiedervereinten Berlin stattfand, als sei dieses, das einer Diktatur ledig und dann vereint, das gleiche wie jenes, dessen Ostteil im 1967er Krieg völkerrechtswidrig annektiert wurde, sah ich das als einen unverfrorenen Affront gegen die Palästinenser an – und war völlig »out«, wie man so sagt. Meine Abneigung, ein Kind zu Erziehungszwecken in ein Kollektiv zu geben – bei dem es selbstverständlich um einen guten Zweck ginge – ist gewachsen, seit ich

5 **Halacha** Jewish Law
6 **Pessach** Passover
7 **Hora** traditional Jewish dance
8 **Spendengroschen** weekly charity

mich mit Ostdeutschland beschäftige. Eine unangenehme Position, so zwischen allen Stühlen: in dieser Frage gegen die Gemeinde, gegen die nichtjüdischen deutschen Politiker, gegen israelische Politiker – und dann die aufgeklärten Deutschen, die es toll finden, daß bei einem jüdischen Straßenfest mitten in Berlin wieder jüdische Normalität Einzug halte, bei allem Exotischen, das diese »Normalität« nun einmal biete...

Mich laden die nichtjüdischen Deutschen ein: als Schriftstellerin und Jüdin. Es kommt dann manchmal zu Enttäuschungen, wenn ich sage, daß ich nicht aus Israel bin und nicht sagen kann, wie ich da lebe. So bin ich gewissermaßen nicht »echt«. In solchen Momenten bin ich knalldeutsch und so enttäuschend gewöhnlich. Dieser mangelnde Israel-Bezug hat einen lästerlichen Zug. Zumal ich ja auch von der Verwechslung profitiere. Wer aber bin ich denn? Das alte Problem tritt wieder auf: Hatte Gott mit dem Namen »Israel« nicht das ganze Volk angeredet? 1946 erschien ein *Pessach-Buch 5706-1946. Zum ersten Befreiungs- und Frühlingsfest der Überreste Israels in Europa.* Diese Anrede ging nach der Gründung des Staates Israel verloren. Michael A. Meyer schreibt in *Jüdische Identität in der Moderne,* Frankfurt am Main, 1992: »Was die jüdische Existenz außerhalb des Staates bedeutet, übersteigt, so bestätigte ein früherer israelischer Erziehungsminister, das Vorstellungsvermögen eines in Israel geborenen Juden. Israelische Juden haben große Schwierigkeiten, sich mit Juden in der Diaspora zu identifizieren. Sie betrachten sie als grundsätzlich anders als sie selbst. Bezeichnenderweise glaubte fast ein Drittel der israelischen Eltern und Schüler einer Umfrage zufolge, die Hauptursache des Antisemitismus sei in den Eigenschaften der Diasporajuden zu suchen. Etwa fünfzig Prozent der befragten Studenten sah die Diasporajuden als ein ›anderes Volk‹. Die Unterschiede wurden besonders deutlich im Fall von afro-asiatischen Juden, die ethnisch am weitesten entfernt von den größten Diasporagemeinden in den Vereinigten Staaten sind.«

So werd' ich mich wohl auch als etwas anderes betrachten als sie selbst. Vielleicht ist es auch an der Zeit, die Kennzeichnung »Diaspora« aufzugeben – es gibt Konfliktstellungen, Ausgrenzungen, Verletzungen, da sind wir den türkischen Anderen in Deutschland sicher näher als den israelischen Juden. Und eben doch auch wieder nicht, eben in dem Umstand nicht, daß wir legitime Staatsbürgerinnen und -bürger in Deutschland sind, ihre zweite und dritte Generation jedoch nicht. Die Roma und Sinti sind mir andere Andere.

Was uns verbindet, sind unsere Mehrfach-Identitäten, die in einem Umfeld gelebt werden, das sich mehrheitlich monokulturell verstanden wissen möchte. Und es verbindet uns die Tatsache, in Deutschland zu leben.

Der Anstand einer »normalen« Identität als »Jüdin im Nationalen« geht mir ab. »Etwas anderes« – aber was? Leider kann ich da seit Martin Buber[9] nicht weiterhelfen und bleibe gewissermaßen »unsichtbar«.

Wortschatz

das Alleinvertreten	sole representative	**das Scheitern**	failure
das Ansinnen	request, demand	**die Siedler**	settlers
der Anspruch	claim	**sich sperren**	to oppose, struggle against
der Anstand	decency	**das Trügerische**	deceptive
die Fetzen	shreds	**unterstellt werden**	to be imputed
gewissermaßen	as it were	**unverfroren**	brazen, impertinent
die Huldigung	homage		
knalldeutsch	"German with a bang"	**die Vertreibung**	expulsion
lästerlich	blasphemous	**völkerrechtswidrig**	contrary to international law
mangelnd	deficient	**vorbehaltlos**	unreserved(ly)
die Mitbetroffenheit	association, connection	**zuneigen**	incline towards, take a liking to
nachgefragt werden	to be in high demand		

---

9   **Martin Buber**   German Jewish philosopher/theologian (1878-1965); also worked with Franz Rosenzweig to translate the Torah, Nevi'im and Ketuvim into German

MAXIM BILLER

Nächstes Jahr in Tel Aviv

---

1. Try to summarize Biller's position concerning Israel.
2. What are some of the other views presented concerning Israel?
3. What conclusions can be drawn from the last two lines of the essay?

Am Ende der großen Sommerferien war meine ältere Schwester plötzlich nicht mehr da. Während ich in einem Londoner Vorort Englisch lernte, hatte sie ihre Sachen gepackt und war nach Israel ausgewandert. Einen Brief hatte sie mir nicht dagelassen, ihr Zimmer schien unverändert, und nachdem ich meinen Koffer in die Ecke geschoben hatte, setzte ich mich ans Klavier und versuchte, ›Für Elise‹ zu spielen, Jelenas Lieblingsstück, mit dem sie mich, seit ich denken konnte, Tag für Tag gequält hatte. Wie gern hätte ich ihr von England erzählt, von den reichen spanischen Teenagern in meiner Klasse, die viel zu schnell ihr Geld ausgegeben hatten und mir dann vorschlugen, gegen Bezahlung <u>Hundescheiße</u> zu essen, von den Hooligans, denen wir eines Abends nur knapp entkommen waren, und vor allem natürlich von meiner ausgesprochen proletarischen Gastfamilie, die sich jeden Sonntagvormittag im Wohnzimmer versammelte, damit der arbeitslose Vater die beiden Kinder und seine Frau verprügeln konnte, und die Frau war es dann auch, die am Tag meiner Abreise plötzlich vor mir stand, um mir in dieser vorsichtigen, neugierigen Maranenart[1] einen großen, goldenen Davidstern zu zeigen und auf Cockney zu erklären, den hätte sie von ihrer Mutter bekommen, weshalb sie glaube, sie sei *Jewish* so wie ich. Von alldem hätte ich Jelena so gern erzählt, und statt dessen stolperte ich nun von Note zu Note, und dann klappte ich den Klavierdeckel herunter und beschloß, Offizier zu werden in der israelischen Armee.

Meine Schwester hatte es nur sehr kurz in Deutschland ausgehalten. Fünf Jahre, nachdem wir von Prag nach Hamburg emigriert waren, 1975,

---

1   **Maranenart**   Refers to the Maranno Jews of Spain and Portugal who during the Inquisition converted to Christianity but were suspected of practicing Jewish traditions in secret.

war sie ein zweites Mal geflohen – diesmal nicht vor russischen Panzern, sondern vor Gesprächen der Sorte »Deutsche fragen, Juden antworten«, wie ich sie bis heute führen muß. »Weshalb wollt ihr euch ständig absondern? Wieso besteht ihr darauf, keine Religionsgemeinschaft zu sein, sondern ein Volk? Und warum verteidigt ihr so verbissen euren Staat?« lautet das ewiggleiche deutsche Bewältigungs-Stakkato, gegen dessen psychologisches Grundmuster Bettnässerei eine hochkomplexe Neurose ist. »Weil wir Sklaven in Ägypten waren, Arschloch«, sage ich dann jedesmal zu meinem verschwitzten Gegenüber. »Und weil du deutsches Geschichtsnichts noch nicht einmal den militärischen Rang deines Hitlersoldatenvaters weißt.«

Ja, genau, das sage ich, aber vorher gebe ich mir zwei, drei Stunden lang Mühe, mit meinen deutschen Freunden und Feinden zu diskutieren. Ich räume Mißverständnisse aus und rücke Jahreszahlen zurecht, ich spreche über Juden plötzlich genauso wie ein Deutscher, technokratisch und distanziert und schulmeisterlich, aber dann wieder packt mich dieser unkontrollierbare Zeloteneifer, und ich versage meinem Wirtsvolk allen Respekt. »Ihr Deutschen«, sage ich, »habt keine Erinnerung. Und dabei seid ihr so sehr von euch eingenommen, von eurem Wohlbefinden, das ihr Gegenwart nennt, daß ihr euch deshalb niemals in einen andern hineinversetzt. Sonst hätte euer Hitler doch damals von Anfang an gewußt, daß die andern stärker sind als die Deutschen – und sonst würdet ihr selbst heute nicht so frech sein, zu denken, daß die Anmaßungen des Nationalsozialismus in jedem Staatsgedanken – aber ganz besonders im israelischen – widergespiegelt sind.«

Und so kommen wir dann also auf Israel zu sprechen. Das heißt – ich rede über Israel und sie, wie immer, nur von ihrem eigenen Problem. Sie sagen Zionismus und meinen die NSDAP, sie sagen Scharon[2] und meinen Eichmann,[3] sie sagen Doktor Baruch Goldstein[4] und meinen Doktor Mengele. Ihr berechtigter Nazi-Komplex ist dabei das eine; das andere ist ihre illegitime, fast archaische deutsche Unwissenheit, die immer nur neblige Selbstentlastungs-Meinungen produziert. Sie wissen nichts, absolut nichts über Israel und das jüdische Leben, aber ihr Drang nach Erlösung von ihrem Auschwitz-Erbmakel ist groß, und so halten sie alle Israelis für schwarzbekleidete, hektische, blutrünstige Kaftanjuden,

---

2 **Ariel Scharon** and **Itzchak Navon**   Scharon is a Prime Minister of Israel while Navon was a former President of Israel who became the first head of state to officially visit an Arab country (Egypt).

3 **Adolf Eichmann** and **Doktor Mengele**   Notorious Nazis

4 **Dr. Baruch Goldstein**   American born medical doctor and settler in Israel, who on Feb. 25, 1944 murdered about 50 Palestinians in a Hebron mosque

sie siedeln Israel auf der Gottesdiktaturen-Skala gleich hinter Iran an, und die Möglichkeit eines Friedens im Nahen Osten interessiert sie in Wahrheit genauso brennend wie irgendein afrikanischer Krieg.

Als Jude über Israel sprechen heißt, es zu erklären. Es erklären heißt, es zu verteidigen. Und wer Israel verteidigt, der bleibt das letzte Argument immer schuldig, egal ob er mit dem Wort einen verklemmten deutschen Täterenkel zurechtstutzen möchte oder mit der Uzi den verständlicherweise wütenden Fatah-Kämpfer – denn wie soll man die andern von der Notwendigkeit Israels überzeugen, wenn man nicht einmal selbst, als Jude, so genau weiß, was dieses Land überhaupt ist?

Meine Tante Klara, die ein Jahr lang jeden Morgen Mengele beim Appellstehen in die Augen blickte, wußte auch nicht, was Israel ist, als sie dort kurz nach dem Krieg ankam. Sie war mit dem Schiff von Marseille nach Haifa gereist, sie hatte sich auf ihr neues Leben nicht vorbereitet, sie ließ einfach nur das alte hinter sich, und das einzige, was sie tun konnte, war, sich ganz warm anzuziehen, denn in Birkenau[5] hatte sie gelernt, daß man vor Kälte sterben kann, vor Hitze aber nur verbrennen. So lief sie dann in ihren europäischen Winterkleidern über die Schiffsbrücke an Land, und die Leute lachten sie aus, aber das war noch gar nichts gegen ihre erste Nacht in Palästina, als sie am Stadtrand von Haifa in einer Übergangssiedlung für Neueinwanderer in ihrem Zelt lag und vor Angst zitterte, weil die Schreie, die durch die Nacht hallten, nach Verzweiflung und Tod klangen. Schließlich faßte sie sich ein Herz, sie lief hinaus, und nachdem sie erfahren hatte, daß es nur das Heulen von Schakalen gewesen war, erschrak sie gleich noch ein zweites Mal, sie erschrak vor diesen großen, stummen, hageren Menschen, die draußen reglos im Dunkeln saßen, sie erschrak, weil diese Juden aus dem Jemen, die zweitausend Jahre ohne Verbindung zur Galuth[6] gelebt hatten, ihr fremder waren als die deutschen Bewacher aus dem KZ.

Immer, wenn ich Klara – und ihren Mann Zoli – heute in Holon bei Tel Aviv besuche, bitte ich sie, mir von den Schakalen und Jemeniten zu erzählen – doch beim letzten Mal hat sie mir meine Bitte nicht erfüllt, und statt dessen sprach sie vom Lager, sie sprach darüber, wie sie am Ende in Birkenau so schwach gewesen ist, daß Mengele sie in die Krankenbaracke schickte, von wo sie am nächsten Morgen den Marsch in die Gaskammer antreten sollte. In der Nacht stand auf einmal ihre Schwester Božka neben ihr, sie hatte die Wachen bestochen, und nun schleppte sie Klara in ihren

---

5   **Birkenau**   Auschwitz was divided into three camps; this was the death camp for Auschwitz II and III.

6   **Galuth (Galut)**   to live in a state of Diaspora from Israel

Block zurück. »Hättest du ohne Krieg euer ruthenisches Schtetl jemals verlassen, Klara?« fragte ich. »Wer kann das wissen?« sagte sie. »Wurdest du in Auschwitz Israelin?« fragte ich. »Was für eine merkwürdige Frage«, sagte sie. »Glaubst du, daß die Palästinenser heute leiden sollen, weil wir immer wieder getötet worden sind?« fragte ich. »Vielleicht ja, vielleicht nein,« antwortete sie, und dann schenkte sie mir noch Tee ein und schob das vierte Stück Kuchen auf meinen Teller.

Am gleichen Tag fuhr ich dann zu meiner Cousine Leila und ihrem Mann Ljonja nach Hadera. Auch sie hatten keinerlei Vorstellung von dem Land gehabt, wohin sie vor einigen Jahren aus Aserbaidschan emigrierten. In Baku hatten damals islamtrunkene Aseris wochen- und monatelang Armenier massakriert, und weil Leilas verstorbener Vater Armenier gewesen war, machte sie sich – ängstlich, wütend, naiv – mit ihrer jüdischen Mutter nach Israel auf. Ljonja kam natürlich auch mit, obwohl niemand so genau weiß, ob er Jude ist oder nicht, aber danach fragte bisher keiner, nicht einmal der Oberrabbiner von Israel, und Ljonja versucht nun alles, um ein vorbildlicher israelischer Neustaatsbürger zu sein. Er beschwert sich nicht darüber, daß er Hebräisch ähnlich kompliziert findet wie einen seltenen Delphindialekt, er versagt sich alle russische Heimatmelancholie, er fragt nicht, ob ich ihnen Geld leihen könnte, und daß er noch immer keine richtige, seiner Qualifikation entsprechende Arbeit finden konnte, erwähnt er ebenfalls mit keinem einzigen Wort. In Wahrheit aber sind Leila und Ljonja von ihrer Einwanderung längst vollkommen demoralisiert, sie sind fremd in diesem nervösen, unfreundlichen Land, doch während wir bei ihnen in Hadera an einem reichgedeckten, orientalischen Wir-geben-dem-Gast-alles-Tisch sitzen, tun sie so, als wäre alles okay. Ein paar Monate später nimmt Ljonja einen Job in einem Lagerhaus an, es ist eine sehr schwere, ermattende Arbeit, und vielleicht fegt ihn deshalb eines Tages ein Gehirnschlag zu Boden, vielleicht ist es aber doch die russische Heimatmelancholie, und weil sie aus Geldmangel keine Krankenversicherung haben, geht Ljonja fünf Tage lang nicht zum Doktor, in der Hoffnung, daß in seinem Kopf alles wieder von selbst gut wird.

Warum wollen die Juden in Israel leben? Warum wollen sie, daß es diesen Staat gibt? Und warum muß er ausgerechnet zwischen Kiriat Schmona und Eilat liegen, zwischen Jerusalem und dem Mittelmeer? Weil das unser Land ist – heißt eine häufige Antwort auf diese Frage, eine ganz besonders dumme Antwort, denn man kann nicht nach zweitausend Jahren in eine Gegend kommen, in deren Erde längst andere begraben sind, um auf den fremden Gräbern seine eigenen Städte zu errichten; man kann nicht Kolonisator sein und sagen, hier ist kein Mensch; man kann nicht Hunderttausende Araber vertreiben und erklären, die haben es so gewollt. Aber in Wahrheit glaubt ja ohnehin kein Jude, kein Israeli – außer ein paar gottessüchtigen Westbanksiedlern aus Brooklyn – daran, daß der Nächstes-Jahr-in-Jerusalem-Quatsch, daß die Erinnerung an König Davids Harfespiel oder an Esthers heiße Brüste das große zionistische Abenteuer legitimieren. Die zweite, etwas schlüssigere Entgegnung auf die Warum-Israel-Frage lautet dann schon eher: Es muß ein jüdischer Staat existieren, damit kein Goj mehr einem von uns ein Haar krümmen kann.

Die Chaluzim,[7] die allerersten jüdischen Pioniere, die Ende des 19. Jahrhunderts nach Palästina kamen, gaben aber noch eine ganz andere Antwort. Sie verstanden unter Zionismus mehr als eine bloße Anti-Pogrom-Ideologie: Die Machpela-Höhle war ihnen ihr Kyffhäuser[8] und die Hatikwa ihre Marseillaise,[9] denn sie sind damals genauso wie Deutsche, Tschechen und Franzosen vom Nationalismus besessen gewesen. Oder war etwa einer wie Joseph Baratz, der Mitbegründer des Ur-Kibbuz Degania im Jordantal, nicht von chauvinistischen Hochgefühlen ergriffen, als er über das Wiedersehen der Juden mit Palästina in seiner Autobiographie schrieb: »Während der Zeit unseres Exils war das Land unfruchtbar geworden, und es schien uns, als ob auch wir selbst, als ob unser Geist durch die Trennung von dem Land unfruchtbar geworden wären. Jetzt mußten wir dieser Erde unsere ganze Kraft widmen, dann würde sie uns ein Gegengeschenk machen: Wir würden wieder schöpferisch werden.« Und die Bademodenfirma »Gottex«[10] erschaffen.

Ich will über solche Ex-Gettojuden-Schwärmereien nicht lachen – aber ich muß. Und ein Ex-Gettojude bin ich in Wahrheit natürlich auch, sonst würde mir jetzt nicht plötzlich der Bruder meines Vaters einfallen, mein Onkel Grischa. Eigentlich kenne ich nur die alljüdische Pointe seines alljüdischen Lebens, das im Moskau der 20er Jahre begann. Als junger Mann zog Grischa mit der Roten Armee in den Westen, unterwegs erschoß er wahrscheinlich ein paar deutsche Soldaten-sind-Mörder-Soldaten, und als er dann im befreiten Prag ankam, erinnerte er sich an seinen tschechischen Paß, er wurde einer der ersten Beneš-Diplomaten[11]

---

7   **Chaluzim**   Jewish pioneers who moved to Palestine mostly after World War I to take part in building the Jewish homeland
8   **Machpela-Höle** and **Kyffhäuser**   Biller juxtaposes the grave of the patriarchs in Hebron with a hill in Germany on which rests a monument of national significance.
9   **Hatikwa** and **Marseillaise**   Israeli national anthem and the French national anthem
10 **Gottex™**   one of the world's largest bathing suit companies
11 **Edvard Benes**   President of Czechoslovakia in 1945 who through a decree expelled the Sudeten Germans from the country

und ging nach Brasilien, und nachdem die Kommunisten Jan Masaryk aus einem Hradschinfenster warfen, zog Grischa weiter nach Israel. Ich weiß nicht, ob Grischa Zionist war oder einfach nur unter Juden sein wollte – aber was immer es gewesen ist, die finanzielle Not war stärker, und er, den Klara und Zoli bis heute ehrfürchtig als »wahren Diplomaten« und »schönen, willensstarken Mann« titulieren, gab seinen Taxifahrerjob in Tel Aviv wieder auf, er ging zurück nach São Paulo und wurde Millionär. Und wo bleibt die alljüdische Pointe? 1972 kam Grischa wegen eines Geschäfts nach Israel, und gleich am ersten Tag schaute er natürlich in Holon vorbei, er fühlte sich nicht gut, sein Bauch war furchtbar dick und angeschwollen, und ein paar Tage später war er dann tot. So liegt Grischa, wie jeder Jude es möchte, in Israel begraben, und daß damals bei seiner Beerdigung Ariel Sharon, Itzchak Navon und noch ein paar andere israelische Generäle und Politiker anwesend waren, erfüllt die ganze Familie mit Stolz. War Grischa Mossad-Agent gewesen? Hatte er Waffen nach Israel geliefert? Wir werden es nie erfahren – aber zarter, eindrucksvoller als sein Leben endet ein jüdisches Leben nicht.

Lügen, nichts als Lügen. Gefühl, nichts als Gefühl. Will jemand wissen, warum meine Schwester damals wirklich nach Israel ausgereist ist? Ich habe sie neulich noch einmal gefragt. Natürlich gingen ihr die Deutschen auf die Nerven. Und natürlich suchte sie, da Prag so unerreichbar war, einen neuen, einen balbatischen Heimatort. Aber vor allem war da mein Vater, dessen größter Traum es immer schon gewesen ist, nach Israel auszuwandern. Er hatte Jelena vor die Wahl gestellt – zu Hause bleiben oder Alijah[12] machen. New York, Paris oder London, wohin sie als dreiundzwanzigjähriger Twen genausogern hingegangen wäre, hätte er ihr nicht finanziert. So wurde meine Schwester, die von Israel kaum etwas wußte, die sich davon ein schönes, aufregendes Leben erwartete, aber alles andere als die Erfüllung eines moralischen, politischen Ideals, eine Zionistin aus Pragmatismus – was sie von vielen anderen Zionisten kein bißchen unterschied.

Daß Jelena heute nicht mehr in Israel lebt, überrascht mich kaum, mein Vater hätte dort allerdings längst ankommen sollen. Warum er es trotzdem bis jetzt nicht geschafft hat? Vielleicht, weil er keine Lust hat, zum dritten Mal in seinem Leben zu emigrieren. Vielleicht aber auch, weil er – der Israel so gut kennt wie kaum ein anderer – noch immer nicht so recht weiß, was er mit diesem auf Sand, Tränen und Träumen gebauten Land anfangen soll, was es ihm, dem jüdischsten aller Juden, wirklich bedeutet, was es eigentlich ist.

12 **Alijah** Hebrew word for 'going up'; here it means to immigrate to Israel.

Israel, Vater, das ist der endlose Blick von den Galiläischen Bergen bis tief hinunter zum schwarzen See Genezareth. Es ist der weiche phönizische Wind, der einem ins Gesicht weht, wenn man nachts auf dem Berg Carmel steht und von dort die roten und weißen Lichter in der Bucht von Akko blinken sieht. Es ist dieser grellweiße Bergtag in Zfad, wo nach der Inquisition ein Zentrum jüdischer Gelehrsamkeit entstanden ist und dessen arabische Bewohner im Unabhängigkeitskrieg alle verjagt worden sind. Es ist die Unruhe, die einen befällt, wenn sich ein Araber – den man immer als solchen erkennt – im Sammeltaxi neben einen setzt. Es ist das osteuropäische Restaurant im Zentrum von Tel Aviv, dessen polnische Besitzerin einst in den Werken von IG Farben[13] besser Deutsch gelernt hat, als ein Skinhead aus Dresden oder Celle es jemals sprechen wird. Es sind die von der Hamas erstochenen jüdischen Teenager, Frauen und Soldaten, es sind die Siedler in der Westbank, für deren Amoklauf es weder Veständnis geben kann noch ein einziges Argument. Und es ist die Bombe, die einmal direkt neben uns am Tel Aviver Strand explodierte, es ist der vom der Explosion hochgewirbelte Sand, es sind die vier, fünf Sekunden totaler Ratlosigkeit, bevor dann jeder um sein Lebem zu rennen beginnt, es ist die Angst meiner Frau, die sagt, daß sie nie wieder baden gehen wird, und es am nächsten Tag dennoch tut, und es ist erst recht die mit Erleichterung aufgenommene Nachricht, daß das Attentat doch nicht aufs Konto jüdischer Terroristen ging.

Israel – das sind fünfzig nervtötende Jahre Massada[14]-Paranoia im Tausch gegen zwei Jahrtausende Paranoia-Exil. Das ist der von Faschismus, Stalinismus und Islam gespeiste Haß der Araber auf die Juden, das sind die Versprechen Nassers, alle Israelis im Meer zu ertränken, das ist Saddam Husseins pathologische Wut. Es ist aber ebenso das mehrmalige Versöhnungsangebot von Anwar-el-Sadat aus den frühen 70er Jahren, das von Golda Meïr bei einer legendären Knesset-Rede so arrogant abgelehnt wurde, daß Sadat beschloß, sich seine Selbstachtung mitsamt der Sinai-Halbinsel nicht während eines Staatsbanketts zurückzuholen, sondern in der Schlacht. Israel – das ist die beinahe rabulistische Frage, ob mit dem Abzug der israelischen Truppen aus den besetzten Gebieten wirklich ein neues Goldenes Zeitalter für den Nahen Osten anbrechen wird oder eben doch nur ein weiteres Kapitel in seiner mörderischen Selbstmördergeschichte. Und Israel ist vor allem, immer

---

13 **IG Farben** A group of eight chemical companies making up a large conglomerate that profited from slave labor during the Nazi period

14 **Massadah** refers to the mesa-like stronghold overlooking the Dead Sea in what was at the time known as Judea , where Jewish rebels fought the Romans after the destruction of the temple in 70 C.E.

und immer wieder, die so fatale Naivität der Gründungsväter dieses
Staates, die sich am besten vielleicht an Chaim Arlosoroff demonstrieren
läßt, der – obwohl selbst Kolonisator und somit Unterdrücker – ganz
sozialistisch glaubte, die Effendis, die Großgrundbesitzer im britischen
Mandatspalästina[15] hetzten nur deshalb die Landbevölkerung gegen
die jüdischen Siedler auf, weil die unterdrückten Araber, die durch die
Anwesenheit der Juden einen Vorgeschmack von Recht und Freiheit
bekamen, ihnen selbst gefährlich geworden waren. Und wahrscheinlich,
auch das ist Israel, hatte Chaim Arlosoroff obendrein sogar noch recht.

Aber vielleicht ist Israel in Wahrheit doch nur eines: Ein Staat, der
die merkwürdigste, unlogischste Entstehungsgeschichte aller modernen
Staaten hatte, weil bei seiner Gründung neuzeitlicher Wille und
biblischer Mythos eine Verbindung eingingen, wie sie in der geistigen
Evolutionsgeschichte der Menschen nicht vorgesehen ist. Einen solchen
Staat wie Israel kann es überhaupt nicht geben, er ist ein Mirakel und
eine Unmöglichkeit, und so ist dann alles, was in diesem Staat geschieht,
ein Mirakel und eine Unmöglichkeit, je nachdem, ob man ihn will oder
nicht – er ist eine Phantasmagorie, die eines Tages wieder verschwinden
muß. Ob aus arabischem Haß, christlicher Besserwisserei oder deutschem
Unterlegenheitsgefühl heraus: Die Ablehnung, das permanente In-Frage-
Stellen des jüdischen Staates durch jene, die keine Israelis, keine Juden
sind, ist in Wahrheit nichts anderes als der Versuch, ihn zu negieren, ihn
– geistig zumindest – abzuschaffen. So geht es Israel heute so, wie es den
Juden in der Diaspora immer schon gegangen ist, man will es bekehren,
man will es verändern, man will es auflösen, aber es wird niemals so
akzeptiert werden, wie es ist. Es bleibt ihm also, in den Augen der andern,
jene historische Selbstverständlichkeit versagt, wie sie all den Down-to-
earth-Ländern von Frankreich bis Italien, von Deutschland bis Amerika
– trotz ihrer eigenen Blut-und-Boden-Genesis – ungefragt gewährt wird.
Der erste große Fehler der Juden war, daß sie sich von den Römern einst
aus ihrem Land vertreiben ließen, doch der zweite, noch viel größere ist,
daß sie zurückgekehrt sind.

Jedesmal, wenn ich mit meinen deutschen Freunden und Feinden
zusammensitze, wenn ich versuche, ihnen zu erklären, warum Israel
entstehen konnte und mußte und was es überhaupt ist, jedesmal, wenn sie
dabei vor Absolutionswut und Ressentiment und Unkenntnis so stumm
und deutsch zu schwitzen beginnen, daß ich mich meinen kindlichen

---

15 **Britische Mandatspalästina** After the defeat of the Turks in WW I, the British took over
Palestine; they were granted a "mandate for Palestine" by the League of Nations from 1922
until 1948.

Militärphantasien ergebe und zugleich völlig ungerührt denke, daß es Israel in hundert Jahren ja ohnehin nicht mehr geben wird, auf alle Zeiten zerstört und niedergemacht wie eine vergessene Kreuzfahrerkolonie – jedesmal also, wenn ich mich nach guter, alter Galuth-Manier so richtig deplaziert fühle, frage ich mich natürlich auch, woher zum Teufel diese sture, ungebrochene Ablehnung kommt, die das jüdische Volk, der jüdische Staat ganz automatisch von außen erfährt. Und obwohl ich es natürlich weiß, obwohl ich mit der Geschichte des modernen Antisemitismus genauso vertraut bin wie andere mit dem Alphabet, langweilt mich die Antwort auf diese Frage, und statt dessen überlege ich lieber: Warum, eigentlich, sollen die Juden leben – warum muß Israel überhaupt bestehen?

Womöglich, weil ein Mann namens Ascher Ginzberg eben doch recht hatte. Geboren Mitte des neunzehnten Jahrhunderts in der Ukraine, einer chassidischen Familie entstammend, früh Mitglied der Chowewe Zion,[16] bereiste er 1891 das erste Mal Palästina und wurde später unter seinem Pseudonym Achad Ha'am als sehr skeptischer, sehr optimistischer zionistischer Philosoph berühmt. Achad Ha'am hatte nie wirklich geglaubt, daß die Erschaffung eines eigenen Staats die Juden für immer von ihren Problemen befreien würde und die Gojim – banal, aber genial – von den Juden. Doch er fand auch, daß die Juden, Paten und zugleich Opfer der westlichen Zivilisation, sich nicht damit begnügen dürften, einen Staat wie jeden anderen zu begründen, vom Wollen und Wirken anderer, größerer Mächte abhängig. Wie er das gemeint hat, kann ich nicht sagen – sein Grundgedanke aber ist gewesen, sich als Zionist auf jene Propheten der Bibel zu berufen, die wußten, daß eines Tages Wolf und Lamm nebeneinander liegen werden, daß am Ende aller Zeiten Gerechtigkeit herrschen wird. »Dieses Menschheitsideal«, schrieb Achad Ha'am 1897, kurz nach dem ersten Zionistenkongreß, »war und ist für immer ein wesentlicher Teil des nationalen Ideals des jüdischen Volkes, und der Judenstaat wird ihm dann erst Ruhe und Sicherheit verbürgen können, wenn die ewige Gerechtigkeit über Völker und Staaten gebieten wird...« Was ist Israel? ist deshalb also die falsche Frage, und die richtige lautet: Was soll es sein?

Was soll es sein, Klara und Zoli, Leila und Ljonjna, Vater und Jelena? Ich werde euch danach nächstes Mal fragen, wenn wir uns wiedersehen, wir werden darüber sprechen, ob Achad Ha'am recht hatte, wir werden diskutieren und lachen und streiten, aber um ehrlich zu sein: Ich bin

---

16 **Chowewe Zion** Zionist movement founded in Russia in 1882 promoting Palestine as a Jewish homeland

ohnehin davon längst überzeugt. Ich bin es, weil mir plötzlich wieder einfällt, wie ich vor einigen Jahren mit meinem Freund Daniel, dem Bruder meines Schwagers, im Winter nach Jerusalem fuhr. Daniel kannte jemanden in einer Jeschiwa,[17] wir waren zur Purim-Feier eingeladen, und obwohl wir uns in dieser streng orthodoxen Umgebung unsicher fühlten, fiel alle modernistische Benommenheit von uns im selben Moment ab, als die chassidische Kapelle zu spielen begann. Schon bald tanzten wir mit ihnen, mit unseren Leuten, und tranken ihren roten, süßen israelischen Wein, wir erkannten uns viel zu gut in ihnen wieder, und hinterher machten wir einen Spaziergang durch Mea Schearim.[18] Aus den Häusern drang Musik, es wurde gestampft und geklatscht, die Männer in ihren schwarzen Anzügen drehten sich im Kreis, und um sie herum wirbelten die Frauen. Die Nacht war warm, und die Straßen glänzten, weil es kurz vorher geregnet hatte, und als wir um drei Uhr früh in unsere Jeschiwa zurückkamen, waren alle schon schlafen gegangen, nur im großen Saal saß ein Mann allein da, und er spielte auf einer Klarinette einen kitschigen Klezmer-Blues. Wir betrachteten stumm sein weißes Gesicht, seine Pajes, seinen braunen Schtrajml[19] und seinen schweren Bart, und dann fragte mich Daniel, ob ich wissen will, wer das sei, ich nickte, und so erfuhr ich, daß er der Sohn eines großen deutschen Nazis war, der vor ein paar Jahren nach Israel kam, um hier zum Judentum überzutreten – und aus dem schon bald, wie alle in der Jeschiwa erzählten, ein kluger und leidenschaftlicher Rabbiner werden würde.

Wieso darf er das nur, dachte ich wütend, aber im nächsten Moment schämte ich mich auch schon dafür.

Wortschatz

absondern	to keep to oneself	**verprügeln**	to give a beating
die Anmaßung	presumption		to
aushalten	to endure	**verschwitzt**	soaked with sweat
die Bewältigung	coping	**das Wirtsvolk**	host nation
die Schmerei	infatuation		(people)
unfruchtbar	barren	**der Zeloteneifer**	enthusiasm of
v.s. eingenommen	self-conceited		zealots
sein		**der Erbmarkel**	here: stigma

17 **Jeschiwa** Jewish school for studying traditional Jewish texts
18 **Mea Schearim** ultra-orthodox part of Jerusalem
19 **Pajes** and **Schtrajml** long curls of hair left uncut by strict orthodox Jews, and a fur hat worn by Hasidim

WLADIMIR KAMINER

Russen in Berlin

1. How does anti-Semitism affect the narrator's search for a *Heimat*?

2. How do Russian Jews define their Jewish identity in Germany in this story?

3. What are some of the historical ironies represented in this text?

Im Sommer 1990 breitete sich in Moskau ein Gerücht aus: Honecker[1] nimmt Juden aus der Sowjetunion auf, als eine Art Wiedergutmachung[2] dafür, dass die DDR sich nie an den deutschen Zahlungen für Israel beteiligte. Laut offizieller ostdeutscher Propaganda lebten alle Alt-Nazis in Westdeutschland. Die vielen Händler, die jede Woche aus Moskau nach Westberlin und zurück flogen, um ihre Import-Exportgeschäfte zu betreiben, brachten diese Nachricht in die Stadt. Es sprach sich schnell herum, alle wussten Bescheid, außer Honecker vielleicht. Normalerweise versuchten die meisten in der Sowjetunion ihre jüdischen Vorfahren zu verleugnen, nur mit einem sauberen Pass konnte man auf eine Karriere hoffen. Die Ursache dafür war nicht der Antisemitismus, sondern einfach die Tatsache, dass jeder mehr oder weniger verantwortungsvolle Posten mit einer Mitgliedschaft in der Kommunistischen Partei verbunden war. Und Juden hatte man ungern in der Partei. Das ganze sowjetische Volk marschierte im gleichen Rhythmus wie die Soldaten am Roten Platz – von einem Arbeitssieg zum nächsten, keiner konnte aussteigen. Es sei denn, man war Jude. Als solcher durfte man, rein theoretisch zumindest, nach Israel auswandern. Wenn das ein Jude machte, war es – fast – in Ordnung. Doch wenn ein Mitglied der Partei einen Ausreiseantrag stellte, standen die anderen Kommunisten aus seiner Einheit ziemlich dumm da.

Mein Vater, zum Beispiel, kandidierte viermal für die Partei, und jedes Mal fiel er durch. Er war zehn Jahre lang stellvertretender Leiter der Abteilung Planungswesen in einem Kleinbetrieb und träumte davon,

---

1   **Erich Honecker**   (1912-1994) previous head of state of the GDR

2   **Wiedergutmachung**   German reparations (see **Einleitung**)

eines Tages Leiter zu werden. Dann hätte er insgesamt 35 Rubel mehr gekriegt. Aber einen parteilosen Leiter der Abteilung Planungswesen konnte sich der Direktor nur in seinen Albträumen vorstellen. Außerdem ging es schon deshalb nicht, weil der Leiter jeden Monat über seine Arbeit auf der Parteiversammlung im Bezirkskomitee berichten musste. Wie sollte er da überhaupt reinkommen – ohne Mitgliedsausweis? Mein Vater versuchte jedes Jahr erneut in die Partei einzutreten. Er trank mit den Aktivisten literweise Wodka, schwitzte sich mit ihnen in der Sauna zu Tode, aber alles war umsonst. Jedes Jahr scheiterte sein Vorhaben an demselben Felsen: »Wir schätzen dich sehr, Viktor, du bist für immer unser dickster Freund«, sagten die Aktivisten. »Wir hätten dich auch gerne in die Partei aufgenommen. Aber du weißt doch selbst, du bist Jude und kannst jederzeit nach Israel abhauen.« »Aber das werde ich doch nie tun«, erwiderte mein Vater. »Natürlich wirst du nicht abhauen, das wissen wir alle, aber rein theoretisch gesehen wäre es doch möglich? Stell dir mal vor, wie blöde wir dann schauen.« So blieb mein Vater für immer ein Kandidat.

Die neuen Zeiten brachen an: Die Freikarte in die große weite Welt, die Einladung zu einem Neuanfang bestand nun darin, Jude zu sein. Die Juden, die früher an die Miliz Geld zahlten, um das Wort Jude aus ihrem Pass entfernen zu lassen, fingen an, für das Gegenteil Geld auszugeben. Alle Betriebe wünschten sich auf einmal einen jüdischen Direktor, nur er konnte auf der ganzen Welt Geschäfte machen. Viele Leute verschiedener Nationalität wollten plötzlich Jude werden und nach Amerika, Kanada oder Österreich auswandern. Ostdeutschland kam etwas später dazu und war so etwas wie ein Geheimtipp.

Ich bekam den Hinweis vom Onkel eines Freundes, der mit Kopiergeräten aus Westberlin handelte. Einmal besuchten wir ihn in seiner Wohnung, die wegen der baldigen Abreise der ganzen Familie nach Los Angeles schon leer geräumt war. Nur ein großer teurer Fernseher mit eingebautem Videorecorder stand noch mitten im Zimmer auf dem Boden. Der Onkel lag auf einer Matratze und sah sich Pornofilme an.

»In Ostberlin nimmt Honecker Juden auf. Für mich ist es zu spät, die Richtung zu wechseln, ich habe schon alle meine Millionen nach Amerika abtransportiert«, sagte er zu uns. »Doch ihr seid jung, habt nichts, für euch ist Deutschland genau das Richtige, da wimmelt es nur so von Pennern. Sie haben dort ein stabiles soziales System. Ein paar Jungs mehr werden da nicht groß auffallen.«

Es war eine spontane Entscheidung. Außerdem war die Emigration nach Deutschland viel leichter als nach Amerika: Die Fahrkarte kostete nur 96 Rubel, und für Ostberlin brauchte man kein Visum. Mein Freund Mischa und ich kamen im Sommer 1990 am Bahnhof Lichtenberg an. Die Aufnahme verlief damals noch sehr demokratisch. Aufgrund der Geburtsurkunde, in der schwarz auf weiß stand, dass unsere beiden Eltern Juden sind, bekamen wir eine Bescheinigung in einer extra dafür eingerichteten Westberliner Geschäftsstelle in Marienfelde. Dort stand, dass wir nun in Deutschland als Bürger jüdischer Herkunft anerkannt waren. Mit dieser Bescheinigung gingen wir dann zum ostdeutschen Polizeipräsidium am Alexanderplatz und wurden als anerkannte Juden mit einem ostdeutschen Ausweis versehen. In Marienfelde und im Polizeipräsidium Berlin Mitte lernten wir viele gleichgesinnte Russen kennen. Die Avantgarde der fünften Emigrationswelle.

Die erste Welle, das war die Weiße Garde während der Revolution und im Bürgerkrieg; die zweite Welle emigrierte zwischen 1941 und 1945; die dritte bestand aus ausgebürgerten Dissidenten ab den Sechzigerjahren; und die vierte Welle begann mit den über Wien ausreisenden Juden in den Siebzigerjahren. Die russischen Juden der fünften Welle zu Beginn der Neunzigerjahre konnte man weder durch ihren Glauben noch durch ihr Aussehen von der restlichen Bevölkerung unterscheiden. Sie konnten Christen oder Moslems oder gar Atheisten sein, blond, rot oder schwarz, mit Stups- oder Hakennase. Ihr einziges Merkmal bestand darin, dass sie laut ihres Passes Juden hießen. Es reichte, wenn einer in der Familie Jude oder Halb- oder Vierteljude war und es in Marienfelde nachweisen konnte.

Und wie bei jedem Glücksspiel war auch hier viel Betrug dabei. In dem ersten Hundert kamen alle möglichen Leute zusammen: ein Chirurg aus der Ukraine mit seiner Frau und drei Töchtern, ein Bestattungsunternehmer aus Vilna, ein alter Professor, der für die russischen Sputniks die Metall-Außenhülle zusammengerechnet hatte und das jedem erzählte, ein Opernsänger mit einer komischen Stimme, ein ehemaliger Polizist sowie eine Menge junger Leute, »Studenten« wie wir.

Man richtete für uns ein großes Ausländerheim in drei Plattenbauten von Marzahn ein, die früher der Stasi[3] als eine Art Erholungszentrum gedient hatten. Dort durften nun wir uns bis auf weiteres erholen. Die Ersten kriegen immer das Beste. Nachdem sich Deutschland endgültig wiedervereinigt hatte, wurden die neu angekommenen Juden gleichmäßig auf alle Bundesländer verteilt. Zwischen Schwarzwald und Thüringerwald, Rostock und Mannheim. Jedes Bundesland hatte eigene Regeln für die Aufnahme.

3 **Stasi** SS: Staatssicherheitsdienst

Wir bekamen die wildesten Geschichten in unserem gemütlichen Marzahn-Wohnheim zu hören. In Köln, zum Beispiel, wurde der Rabbiner der Synagoge beauftragt, durch eine Prüfung festzustellen, wie jüdisch diese neuen Juden wirklich waren. Ohne ein von ihm unterschriebenes Zeugnis lief gar nichts. Der Rebbe befragte eine Dame, was Juden zu Ostern essen. »Gurken«, sagte die Dame, »Gurken und Osterkuchen.« »Wie kommen Sie denn auf Gurken?«, regte sich der Rebbe auf. »Ach ja, ich weiß jetzt, was Sie meinen«, strahlte die Dame, »wir Juden essen zu Ostern Matze.[4]« »Na gut, wenn man es ganz genau nimmt, essen die Juden das ganze Jahr über Matze, und auch mal zu Ostern. Aber wissen Sie überhaupt, was Matze ist?«, fragte der Rebbe. »Aber sicher doch«, freute sich die Frau, »das sind doch diese Kekse, die nach altem Rezept aus dem Blut von Kleinkindern gebacken werden.« Der Rebbe fiel in Ohnmacht. Manchmal beschnitten sich irgendwelche Männer sogar eigenhändig, einzig und allein, um solche Fragen zu vermeiden.

Wir, als die Ersten in Berlin, hatten das alles nicht nötig. Nur ein Schwanz aus unserem Heim musste dran glauben, der von Mischa. Die jüdische Gemeinde Berlins hatte unsere Siedlung in Marzahn entdeckt und lud uns jeden Samstag zum Essen ein. Besonders viel Aufmerksamkeit bekamen die jüngeren Emigranten. Von der Außenwelt abgeschnitten und ohne Sprachkenntnisse lebten wir damals ziemlich isoliert. Die Juden aus der Gemeinde waren die Einzigen, die sich für uns interessierten. Mischa, mein neuer Freund Ilia und ich gingen jede Woche hin. Dort, am großen gedeckten Tisch, standen immer ein paar Flaschen Wodka für uns bereit. Es gab nicht viel zu essen, dafür war alles liebevoll hausgemacht.

Der Chef der Gemeinde mochte uns. Ab und zu bekamen wir von ihm hundert Mark. Er bestand darauf, dass wir ihn zu Hause besuchten. Ich habe damals das Geld nicht angenommen, weil mir bewusst war, dass es dabei nicht um reine Freundschaft ging, obwohl er und die anderen Mitglieder der Gemeinde mir sympathisch waren. Aber es handelte sich um eine religiöse Einrichtung, die auf der Suche nach neuen Mitgliedern war. Bei einer solchen Beziehung wird irgendwann eine Gegenleistung fällig. Ich blieb samstags im Heim, röstete Esskastanien im Gasherd und spielte mit den Rentnern Karten. Meine beiden Freunde gingen jedoch immer wieder zur Gemeinde hin und freuten sich über die Geschenke. Sie freundeten sich mit dem Chef an und aßen mehrmals bei ihm zu Hause Mittag. Eines Tages sagte er zu den beiden: »Ihr habt euch als gute Juden erwiesen, nun müsst ihr euch auch beschneiden

---

4 **Matze** unlevened bread eaten during Passover; symbol for affliction

lassen, dann ist alles perfekt.« »Da mache ich nicht mit«, erwiderte Ilia und ging. Der eher nachdenkliche Mischa blieb. Von Gewissensbissen geplagt, wegen des angenommenen Geldes und der Freundschaft zum Gemeindevorsitzenden musste er nun für alle unsere Sünden büßen – im jüdischen Krankenhaus von Berlin. Hinterher erzählte er uns, dass es gar nicht weh getan und angeblich sogar noch seine Manneskraft gesteigert hätte. Zwei Wochen musste er mit einem Verband herumlaufen, aus dem ein Schlauch herausguckte.

Am Ende der dritten Woche versammelte sich die Hälfte der männlichen Belegschaft unseres Heimes im Waschraum. Alle platzten vor Neugierde. Mischa präsentierte uns seinen Schwanz – er war glatt wie eine Wurst. Stolz klärte uns Mischa über den Verlauf der Operation ab: Die Vorhaut war mit Hilfe eines Laserstrahls entfernt worden, völlig schmerzlos. Doch die meisten Anwesenden waren von seinem Schwanz enttäuscht. Sie hatten mehr erwartet und rieten Mischa, das mit dem Judentum sein zu lassen, was er dann später auch tat. Manche Bewohner unseres Heims dachten, das kann alles nicht gut ausgehen und fuhren wieder nach Russland zurück.

Keiner konnte damals verstehen, wieso uns ausgerechnet die Deutschen durchfütterten. Mit den Vietnamesen zum Beispiel, deren Heim auch in Marzahn und gar nicht weit von unserem entfernt stand, war alles klar: Sie waren die Gastarbeiter des Ostens, aber die Russen? Vielleicht war es bei den ersten Juden im Polizeipräsidium am Alex nur ein Missverständnis, ein Versehen, und dann wollten die Beamten es nicht zugeben und machten brav weiter? So ähnlich wie beim Fall der Mauer? Aber wie alle Träume ging auch dieser schnell zu Ende. Nach sechs Monaten schon wurden keine Aufnahmen mehr vor Ort zugelassen. Man musste in Moskau einen Antrag stellen und erst einmal ein paar Jahre warten. Danach wurden Quoten eingeführt. Gleichzeitig wurde hinterher per Beschluss festgelegt, dass alle Juden, die bis zum 31. Dezember 1991 eingereist waren, als Flüchtlinge anerkannt werden und alle Rechte eines Bürgers genießen sollten, außer dem Recht zu wählen.

Aus diesen Juden und aus den Russlanddeutschen bestand die fünfte Welle, obwohl die Russlanddeutschen eine Geschichte für sich sind. Alle anderen Gruppierungen – die russischen Ehefrauen oder Ehemänner, die russischen Wissenschaftler, die russischen Prostituierten sowie die Stipendiaten bilden zusammen nicht einmal ein Prozent meiner hier lebenden Landsleute.

Wie viele Russen gibt es in Deutschland? Der Chef der größten russischen Zeitung in Berlin sagt, drei Millionen. Und 140 000 allein in

Berlin. Er ist aber nie richtig nüchtern, deswegen schenke ich ihm keinen Glauben. Er hat auch schon vor drei Jahren drei Millionen gesagt. Oder waren es damals vier? Aber es stimmt schon, die Russen sind überall. Da muss ich dem alten Redakteur Recht geben, es gibt eine Menge von uns, besonders in Berlin. Ich sehe Russen jeden Tag auf der Straße, in der U-Bahn, in der Kneipe, überall. Eine der Kassiererinnen im Supermarkt, in dem ich einkaufen gehe, ist eine Russin. Im Friseursalon ist auch eine. Ebenso die Verkäuferin im Blumenladen. Der Rechtsanwalt Grossman, auch wenn man es bei dem kaum glauben mag, ist ursprünglich aus der Sowjetunion gekommen, so wie ich vor zehn Jahren.

Gestern in der Straßenbahn unterhielten sich zwei Jungs ganz laut auf Russisch, sie dachten, keiner versteht sie. »Mit einem 200 mm-Lauf kriege ich das nicht hin. Er ist doch ständig von vielen Menschen umgeben.« »Dann solltest du einen 500er nehmen.« »Aber ich habe doch nie mit einem 500er gearbeitet!« »Gut, ich rufe morgen den Chef an und bestelle eine Gebrauchsanweisung für den 500er. Ich weiß aber nicht, wie er reagieren wird. Besser ist es, du versuchst es mit dem 200er. Man kann es doch noch einmal probieren!« Man kann.

Wortschatz

abhauen	(slang) to beat it, take off	**der Penner**	wino, bum
Bescheid wissen	to be in the know	**der Schwanz**	here: colloq. for penis
beschneiden	to circumcise	**stellvertretend**	representative
der Betrug	deceit, deception	**der Stipendiat**	student on a scholarship
der Flüchtling	refugee		
das Gerücht	rumor	**verleugnen**	to deny
die Gewissensbisse	pangs of conscience	**die Vorfahren**	ancestors
		das Vorhaben	plan, scheme
nüchtern	sober		
die Ohnmacht	powerlessness, unconsciousness		

Auswahlliteratur

Albanis, Elizabeth. *German-Jewish Cultural Identity from 1900 to the Aftermath of the First World War: A Comparative Study of Moritz Goldstein, Julius Bab and Ernst Lissauer*. Tübingen: Max Niemeyer, 2002.

Beckermann, Ruth, ed. *Unzugehörig. Österreicher und Juden nach 1945*, Vienna: Löcker, 1984.

Biller, Maxim. *Land der Väter und Verräter*. München: Deutscher Taschenbuch Verlag, 1997.

_____. *Wenn ich einmal reich und tot bin*. Köln: Kiepenheuer und Witsch, 1990.

Broder, Henryk M. and Michel Lang, eds. *Fremd im eigenen Land*. Frankfurt: Fischer, 1979.

Broder, Henryk M. "Heimat? Nein Danke!" in *Ich liebe Karlstadt und andere Lobreden*. Augsburg: Ölbaum, 1987.

Brumlik, Micha. *Zuhause, keine Heimat? Junge Juden und ihre Zukunft in Deutschland*. Gerlingen: Bleicher, 1998.

Dischereit, Esther. *Übungen, jüdisch zu sein. Aufsätze*. Frankfurt a.M.: Suhrkamp, 1998

_____. *Joëmis Tisch*. Frankfurt am Main: Suhrkamp, 1988.

Fleischmann, Lea. *Dies ist nicht mein Land: Eine Jüdin verläßt die Bundesrepublik*. Hamburg: Hofmann und Campe, 1980.

Gay, Ruth. *The Jews of Germany. A Historical Portrait*. New Haven:Yale University Press, 2003.

Gilman, Sander L. *Jewish Self-Hatred: Anti-Semitism and the Hidden Language of the Jews*. Baltimore: Johns Hopkins University Press, 1986.

Giordano, Ralph, ed. *Deutschland und Israel: Solidarität in der Bewährung*. Gerlingen: Bleicher, 1992.

Hertzberg, Arthur, ed. *The Zionist Idea: A Historical Analysis and Reader*. Philadelphia-Jerusalem: Jerusalem Publication Society, 1997.

Kaminer, Wladimir. *Schönhauser Allee*. München: Goldmann Manhattan, 2001.

_____. *Russendisko*. München: Goldmann Manhattan, 2000.

Lorenz, Dagmar. *Keepers of the Motherland: German Texts by Jewish Women Writers*. Lincoln-London: University of Nebraska Press, 1997.

Magris, Claudio. *Der habsburgische Mythos in der modernen österreichischen Literatur*. Vienna: Zsolnay, 2000.

Rabinovici, Doron. *Courage. Wider die Verhaiderung*. Berlin: Aufbau Verlag, 2000.

_____. *Suche nach M. Roman in zwölf Episoden*. Frankfurt a. M.: Suhrkamp, 1997.

_____. *Papirnik*. Frankfurt a.M.: Suhrkamp, 1994.

Sebald, W.G. *Unheimliche Heimat: Essays zur österreichischen Literatur*. Frankfurt: Fischer, 2002.

Film:

Hartwig, Thomas, *Nächstes Jahr in Jerusalem?* Köln: WDR International, 1986.

Bernd, Günther, *Hier wollen wir leben*. München: Aradt Film, 1989

Die Vergangenheit seines Volkes ist sein
persönliches Gedächtnis, die Zukunft seines
Volkes ist seine persönliche Aufgabe.

Martin Buber, *Drei Reden über*
das Judentum (1911)

Ererbte Erinnerung

Telling stories has always been a way for Jews to evoke their past and preserve the events that have shaped their history and identity. In many ways, to be a Jew means living with and through stories, which are believed not merely to be a part of an ancestral history but also quite literally one's own. Furthermore, traditional Jewish texts include a profusion of parables, folk tales, fables and lively debates, just as Jewish holidays revolve around stories that parents are explicitly instructed to "teach" to their children. The Hasidic movement went even further, raising storytelling to a spiritual level, believing it a *mitzvah* (good deed). While stories have been utilized in Jewish tradition for their didactic potential, ability to engage an audience emotionally and intellectually, and to question the world and even God, they are also an essential vessel through which Jews have transmitted their history and memories from generation to generation. As Maxim Biller explains in an interview, "Jüdische Literatur [war] schon immer eine Erinnerungsliteratur. Das hängt sehr stark mit der jüdischen Tradition, generell mit der religiösen, der philosophischen Tradition zusammen."[1] Like Biller, most contemporary German and Austrian Jewish writers use their ability to tell stories to preserve their own memories and experiences. More specifically, work by members of the so-called 'second generation' is largely dedicated to bearing witness to the Shoah. As Eli Wiesel claims, "To forget is, for a Jew, to deny his people—and all that it symbolizes—and also to deny himself. [...] To be Jewish is to remember—to claim our right to memory as well as our duty to keep it alive."[2] Jewish writers who survived the Nazi era, including Torberg and Hilsenrath, use their writing as a way to preserve Jewish life as it existed before Nazi destruction, while those of the 'second generation' use their literature to approach the period of the Shoah and its effect on contemporary Germany and Austria, each generation poised to preserve the history of the last.

---

1   Maxim Biller interviewed by Josef Biemeier, *Alpha Forum*, October 11, 1999
2   Elie Wiesel, *From the Kingdom of Memory: Reminiscences.* New York: Schocken Books, 1990, p.9

Katja Behrens, Ronnith Neumann, Barbara Honigmann, Matthias Hermann and Robert Menasse all reflect on the Shoah and how it has a resounding effect on their lives as contemporary Jews in Germany and Austria. Many of these writers have had to grow up without grandparents or extended families, while all have had to navigate their connection to a land and a people over a seemingly insurmountable chasm of historical experience. As part of the 'second generation', they have always lived in a world informed by the Shoah and the task of preserving it has been their bitter legacy. For some, like Matthias Hermann, knowledge of the Shoah has developed into a kind of inherited experience:

> Ich zucke
> Unter Tropfenhieben
> Eingekachelt im Dampfbad
> Einer ererbten Erinnerung,
> Die mir den Atem nimmt.[3]

Just as Jews have historically believed in collective experience regarding biblical events such as slavery in Egypt, Hermann feels as if his own life has been enveloped in the nightmare suffered by his people during the Shoah. Barbara Honigmann, like Hermann, has expressed that her generation identifies with the victims of the Shoah to the point of it becoming a factor in their lives. In her collection of stories *Roman von einem Kinde*, she considers this identification through one of her characters: "Einmal hatte ich einen Traum. Da war ich mit all den anderen in Auschwitz. Und in dem Traum dachte ich: Endlich habe ich meinen Platz im Leben gefunden."[4] According to Honigmann, it is hard for second-generation Jews to conceive of their identity and role in post-war German society without reference to the Shoah, for they live on the front line of memory. While Hermann finds this kind of symbolic association with Jews victimized by the Nazis stifling, his poem, like Honigmann's literature, represents a traditional sense of collective memory while inferring a belief in the Jews belonging to a *Schicksalsgemeinschaft*.

Traditionally, German Jewish literature has often expounded upon the connectedness of the Jews, perhaps most notably Richard Beer-Hofmann's poem-lullaby, "Schlaflied für Mirjam" written in 1897. Devoid of time and place, the Jews' collective memory is described as a means of strength against the isolation Jews experience from the outside world. The last stanza recognizes a connectedness among all Jews throughout time, with each generation responsible for the last:

> Schläfst du, Mirjam?—Mirjam, mein Kind,
> Ufer nur sind wir, und tief in uns rinnt
> Blut von Gewesenen—zu Kommenden rollts,
> Blut unsrer Väter, voll Unruh und Stolz.

---

3   Matthias Hermann, from "Gefängnisduschraum" in: *72 Buchstaben*. Frankfurt a.M.: Suhrkamp, p.34

4   Barbara Honigmann, *Roman von einem Kind*. Berlin: Rowohlt, 1991 p.28

In uns sind *Alle*. Wer fühlt sich allein?
Du bist ihr Leben – ihr Leben ist dein –
Mirjam, mein Leben, mein Kind – schlaf ein![5]

Not only do Jewish writers of the 'second generation' use their literature to preserve the memory of the Shoah, in the spirit of Beer-Hofmann's poem, but also they carry on the legacy of German and Austrian Jewry by adding to the rich tradition of German-Jewish literature in these countries.

Katja Behrens's story, "Alles normal," describes the nature of growing up in a world filled with forgetting and silence, where Germans and Jews continue their lives as they had before the Shoah. It shows how this silence causes Jews to feel ashamed not only about what happened, but also about their identity. Like so many of the stories included in this collection, it describes how Jews continue to resort to plastic surgery to remove the stigma associated with what they perceive to be a Jewish nose. Behrens' narrator also addresses the silence of the Germans concerning their past and seeming ability to live their lives as if everything were normal. This story is typical of Behrens' work, which frequently deals with issues concerning Jewish identity, race, gender and the way contemporary Jews and Germans need to confront and not ignore the Shoah. It is often didactic, directing its readers to consider the impact of history on their own personal landscapes.

Behrens was born in Berlin in 1942, and remained in hiding during the war with her mother and grandmother in a Catholic parsonage in Schwarzenberg, Austria. She grew up in Wiesbaden, Germany, where she worked at a number of jobs revolving around writing, including a stint at a publishing house, and serving as an editor and translator. Since receiving praise for her novel, *Die Weiße Frau, Erz* in 1978, she has devoted herself entirely to writing. While her early literature examined living outside of Germany as a means to quell the problems associated with a Jewish identity in Germany today, she subsequently concluded it best to remain, and today lives primarily in Darmstadt.

Ronnith Neumann's *Der Hut* is one of the few examples of second-generation literature to take place directly in a concentration camp. Unlike 'Holocaust literature' that concerns memoirs of the camps or fiction dealing with the experience of victimization at the hands of the Nazis, this work gestures to this kind of literature, yet remains much more experimental and purposefully literary. This combination with regard to the Shoah does, however, raise a few eyebrows among those who recall, and agree with, Theodor Adorno's proclamation: "No poetry after Auschwitz." Though there are certainly those who have exploited the Shoah in their work, it is still debatable whether the Shoah should be off limits for creative inspiration. Nevertheless, Neumann presents the final 'Lebenschnitte' of her characters with a sense of dignity, while exposing certain historical elements concerning the Jews at concentration camps, such

---

5   See: Ritchie Robertson, *The 'Jewish Question' in German Literature 1749-1939: Emancipation and its Discontents.* Oxford: Oxford University Press, 1999, p. 454

as the way many Jewish World War One veterans had little chance of survival because of the wounds they had suffered defending Germany.

Neumann was born in Haifa, Israel in 1948, and moved to Germany with her parents in 1958. In Frankfurt and Hamburg, she worked as a freelance photographer and for radio stations, including the Hessische Rundfunk. Since 1985, Neumann has focused on her writing, choosing to examine themes relating to the Shoah, particularly the notion of 'ererbte Erinnerung'. In addition to a number of short stories, such as those included in *Ein stürmischer Sonntag* (1996), and theatrical productions, she has written a science fiction novel, *Nirs Stadt* (1991), concerning a regime oppressive toward women. She also examines the 'Heimatlosigkeit' of second generation Jews living in Germany in *Heimkehr in die Fremde. Zu Hause in Israel oder zu Hause in Deutschland?* (1985). Though she maintains a residence in Germany, she is currently spending much of her time in Korfu, Greece, where she is also writing a novel about the treatment of Greek Jews under Nazi occupation.

Barbara Honigmann's "Das doppelte Grab" addresses the way contemporary German Jews serve as a bridge between older German Jewish generations and those of the future. Gershom Scholem's presence in this story is particularly significant considering his well-known claim that Germans and Jews have never had a proper dialogue and any that appeared to have existed was either an "illusion" or a one-sided attempt made by Jews. If, according to Scholem, Germans and Jews were unable to bridge the gap between them before the Shoah, Honigmann, as a representative of contemporary German Jewry, has a complicated task at hand. Yet this story seems more concerned with the dialogue between Jews of different generations as a means to accentuate continuity between German Jews despite the void left by the Shoah. A love of books is shown to be one of the factors binding Scholem to the young Jews in the story. All seem to emphasize the importance of telling and writing stories as a way of life for Jews and a means of preserving Jewish history.

After studying theater in East Berlin where she was born, Barbara Honigmann worked as a director and dramatist for the Brandenburg Volksbühne and Deutsche Theater. She has been a freelance writer and artist since 1975 and, since leaving the GDR in 1984, she has made her home in Strasbourg. In addition to her novels, such as the well-received *Soharas Reise* (1996), she has written short stories, prose, and plays, many of which consider the way Jews confront memory.

Though largely abstract, Matthias Hermann uses names, words and Jewish historical themes and imagery to conjure up a world in shorthand. Not surprisingly, Hermann spent a number of years as a typesetter and editor, which is evident in "Pflastersteine" for its symbolic look at how language, like people, can be manipulated. While Hermann's abbreviated references leave ample room for interpretation, from a Jewish perspective, mere mention of Rebbi Löw and Prague call to mind the legend of the Golem, while 72 letters is a Kabbalistic reference to the many names of God. Hermann also surveys the topography of

Jewish memory from Zion, to a cemetery, to a wall, highlighting the physical remnants of the past juxtaposed against the void left by the *Shoah*.

Born in Bitterfeld, East Germany in 1958, Hermann's 'anti-government' activities and attempts to flee the GDR led in 1978 to an almost two-and-a-half year incarceration sentence, of which he served one year before gaining amnesty. In 1980, he moved to the FRG and, nine years later, published his first book of poetry, *72 Buchstaben,* followed by *Der gebeugte Klang* (2002). Today he lives in Odenwald, where he continues to write.

While some wonderful literature had to be left out of this volume due to length and our desire to refrain from including excerpts of novels, "Die Geschichte ist kurz und ewig," by Robert Menasse, represents a kind of compromise. It served as the basis for *Die Vertreibung aus der Hölle,* Menasse's 492-page epic novel, which not only presents a contemporary Austrian Jewish perspective but also juxtaposes the experiences of Austrian Jews under the Nazis with those of Jews during the Spanish Inquisition. The novel exposes the cycle of hatred with which Jews have been faced throughout time and poses the questions: "Wie viele Generationen tilgen die Geschichte? Wie viele Jahrzehnte machen Schuldige unschuldig?" The story presented here is more abstract, yet some of the overriding themes remain. It depicts how Jews have, for centuries, tried to hide their identity, assuming various names and nationalities in hopes of finding a place for themselves. While the story asks how long Jews will have to suffer the burdens of anti-Semitism, it ends with an affirmation that literature can be used to call for "Freiheit, nach Angstfreiheit, Selbstbestimmtheit und unteilbarem Recht."

Menasse was born in Vienna in 1954. After studying German, philosophy and politics in a variety of cities, Menasse received a doctorate degree in 1980 and an appointment at the Institute for Literary Theory at the University of Sãn Paolo, where he taught until 1988. Menasse returned to Vienna, where he has since published a number of political and cultural articles and a stingingily critical book of essays concerning post-war Austria, *Das Land ohne Eigenschaften. Essay zur österreichischen Identität* (1992), which he followed with a second volume, *Erklär mir Österreich. Essays zur österreichischen Geschichte* (2000).

KATJA BEHRENS

Alles normal

1. In this text there are several layers of memory: for example, the narrator's childhood memories and imagined memories of her mother. How do these memories inform the narrator's identity?

2. What are the most outstanding themes in this story? What sub-themes can you identify?

3. What else is inherited in this story besides memories?

Die ganze Welt habe ich bereist und bin es doch nicht losgeworden, dieses Gefühl, untertauchen zu müssen. Da hilft kein gutes Zureden: Hab nichts zu verbergen, längst nicht mehr, kann mich sehen lassen.

Sehen lassen konnten wir uns auch, als ich klein war. Es durfte bloß niemand wissen, *was wir waren.* Was ganz Schlimmes. Worin das Schlimme bestand, wußte ich nicht, nur, daß wir nicht waren wie die anderen in dem Dorf, in dem wir überlebten. Daß wir nicht dazugehörten, spürte ich schon, bevor ich sprechen lernte, einen charmanten Dialekt mit Singsang und rollendem R. Den Dialekt verlernte ich nach der Rückkehr in das Land, in dem wir eigentlich hätten vergast werden sollen. Das Gefühl der Nichtzugehörigkeit blieb.

Etwas war nicht richtig mit uns, nach wie vor. Trotz Gebet, bin klein…Herz rein…niemand drin wohnen als Jesus allein. Trotz Federball und Freundinnen, Heidi und Toxi,[1] *ich möcht so gern nach Hause gehn, ay ay ay, die Heimat möcht ich wiedersehn,* trotz Winnetou und Tanzstunde, Petticoats und Harry Belafonte. Wie alle anderen. Aber die anderen schlugen sich nicht herum mit irgendwelchen Leuten, an die ich mich nicht mehr erinnern kann, die Namen vergessen, die Gesichter, alles. Nur nicht, daß es um die Millionen ging, ob es sechs waren oder nicht. Ich schlug mich wild herum, half aber nichts, die Heftigkeit. Sie ließen sich nicht überzeugen.

---

1   **Heidi** and **Toxi**   *Heidi* is a children's book all German-speaking children read; Toxi refers to a 1952 German film documenting an Afro-German girl, shown in schools to teach about race.

Es dauerte lange, bis ich begriff, daß reden nichts nützt. Waren doch Menschen, dachte ich. Mußten fühlen. Mitfühlen. Entsetzen fühlen. Taten es aber nicht. Waren nicht sechs Millionen, sagten sie, und ich sagte, ist ja auch egal, selbst wenn es wirklich nur vier – , und sie sagten, das macht aber einen Unterschied, buchhalterisch sagten sie das.

Es gehört zu meinem Erbteil, wie die Sommersprossen, der Eigensinn und die Nase. Heute weiß ich das. Aber damals dachte ich, ich könnte es irgendwie rückgängig machen, Mutters Dableiben und Ducken, die Brille abnehmen vor der Tür irgendeiner Amtsstube mit Führerbild überm Schreibtisch, nichts mehr sehen, aber die Brille abnehmen, *weil sie das Jüdische noch unterstreicht.* Ich dachte, ich könnte das Fortgehen nachholen, sozusagen stellvertretend für die, die geblieben waren, stellvertretend und rückwirkend, denn es war ja nicht mehr notwendig, jedenfalls nicht überlebensnotwendig, *abgeholt* wurde nur noch zur Tanzstunde, und Mutter bekam eine sogenannte Wiedergutmachung, wenn auch der Blick weiter am Boden haftete, keine Rede von aufrechtem Gang. Kopf gesenkt bis zum Schluß, immer tiefer, ob aus Scham über die Nase oder aus Scham, überlebt zu haben, blieb ihr Geheimnis.

Das Fortgehen nachholen und endlich nicht mehr unter Rechtfertigern sein, unter Schweigern, Spießumdrehern, Nichtsmitzutunhabern, Vergessenwollern, einmal nicht mehr da, wo man etwas »bis zur Vergasung[2]« tut, Brote schmieren, rechnen, Flöte üben, »bis zur Vergasung«, nicht nur *man,* auch der Aufrechte, der Bemühte, der Wohlmeinende, der Freund und selbst das eigene Hirn, das nachplappert, und nur der Mund daran gehindert werden kann, es auch noch auszusprechen. So oft gehört, von klein an, seitdem ich denken kann, schon ganz sinnentleert. Sinnentleert, aber normal.

Was willst du, das ist doch ganz normal, sagte meine Freundin. Aber empörte sich über die Bilder von Leichenbergen in einer Illustrierten. Es waren die fünfziger Jahre. Kinder könnten das sehen, sagte meine Freundin. Als wären diese nackten, ermordeten Menschen etwas Säuisches, vor dem man die Kinderseele schützen muß.

Ich ahnte, daß aus dem Mund meiner Freundin ihre Mutter sprach, die eine ganz normale Frau war.

Man soll die Vergangenheit endlich ruhen lassen, sagte auch ihr Mann.

Das war ganz normal damals, die meisten dachten so.

---

2 **bis zur Vergasung** expression meaning "to the utmost degree"; post-Shoah it calls to mind the gas chambers

Wir waren diejenigen, die nicht normal waren, in unserer normalen Stadt, in unserer normalen Straße, die bewohnt war von normalen Menschen.

Da gab es zum Beispiel einen unauffälligen, gewöhnlichen und geachteten Mann, von dem es bei uns zu Hause hieß, er habe *Dreck am Stecken*.[3] Damals wußte ich nicht genau, was ich mir unter *Dreck am Stecken* vorstellen sollte.

Der Mann lebte mit seiner Familie in einer schönen alten Villa auf dem Berg.

Unter falschem Namen, sagte meine Mutter. Das weiß doch jeder.

Die Geburtstagsfeste seiner Tochter waren etwas ganz Besonderes. Einmal war auch ich eingeladen. Der Mann tanzte mit mir. Es war das erste Mal, daß ein Mann mit mir tanzte. Ich glaube, er war Schneider. Sein Anzug war aus feinem Tuch. Das fiel mir auf. Sonst nichts. Ein normaler Mann. Besonders an ihm war nur, daß er der Herr in dieser schönen Villa war. Ihn zu fürchten lag mir fern. Und auch er dachte sich wahrscheinlich nichts dabei, ein Mädchen im Arm zu halten, das er als Säugling vielleicht an die Wand geknallt hätte. Oder lebendig der toten Mutter hinterhergeworfen in die Grube. Das war vorbei, war Arbeit gewesen, schmutzige Arbeit, aber hatte sein müssen.

Ein netter Mann. Er zeigte mir den Schritt, Schieber oder Foxtrott. Ich kam nicht mit, trampelte ihm auf den Füßen herum, schämte mich. Dauernd schämte ich mich wegen irgend etwas, damals in den fünfziger Jahren, in denen alle normal waren, nur ich nicht. Heute weiß ich, daß auch das normal ist: Es sind die Getretenen, die sich hinterher schämen, und nicht die getreten haben.

Irgendwann in den ersten Monaten nach unserem Einzug in die Straße der normalen Menschen klingelte eine fremde Frau bei uns. Wollte mal raufkommen. Nur so. Jemanden sehn, der im Kazett gesessen hatte. Normale Neugier. Es war ein Gerücht, das in der Straße umging. Wäre ja auch normal gewesen, wenn wir im Kazett gesessen hätten. Mutter stritt es ab, als wäre es eine Schande. Hätte längst wissen müssen, daß es keine Möglichkeit mehr gab, ein normaler Mensch zu sein. Schwärmte trotz allem immer mal wieder von einer Nasenoperation. Einer Operation, die die Wonnen der Normalität bringen würde. Wenn schon nicht mehr ihr, dann wenigstens mir.

Als sie endlich ihre *Wiedergutmachungsrente* bekam, wollte sie mir davon ein Stupsnäschen bezahlen. Ich verzichtete auf das Stupsnäschen und ging weg, ins Nasenland.

3   **Dreck am Stecken haben**   colloq. to have done something wrong

Ich blieb zwei Jahre und kam zurück.

Nichts hatte sich geändert.

Sie sind gebildet. Sie sind fortschrittlich. Sie sind furchtbar nett. Wir haben zusammen für den Frieden geschwiegen und sind zu Ostern marschiert.

Und dann kommt plötzlich so ein Satz –

Aber handeln tun sie gerne. Das muß man sagen. Liegt ihnen im Blut.

– oder ein Schweigen. Ein Wort, das an Verfolgung, Vertreibung und Vernichtung erinnert, und schon macht sich ein Schweigen breit, ein peinlich berührtes, unter den mir eben noch nahen Menschen, ein Schweigen, das mir sagt, du bist ins Fettnäpfchen getreten. In der Stille wird die Kluft zwischen uns offenbar.

Es zeigt sich immer mal wieder. Bei einem gepflegten Abendessen in der Stadt oder an einem lauen Sommerabend bei Wein und Oliven.

Zikadenzirpen und ein Gespräch über Musik. Der Mann war in meinem Alter. Ein deutscher Kirchenmusiker, feinsinnig. Hatte ein bißchen was getrunken.

Um es in der Musik zu etwas zu bringen, sagte er, muß man entweder Jude sein oder schwul.

Ich sah die blauen Äderchen unter seinen Schläfen pochen und dachte, ich hätte nicht richtig gehört.

Doch doch, sie sitzen schon wieder überall drin, halten alle Schlüsselpositionen besetzt. Was? Alle vergast? Eben nicht. Schanzen sich gegenseitig die guten Posten zu, wenn ich es Ihnen sage.

Ich sah die blauen Äderchen unter seiner Alabasterhaut.

Nachdem das Weggehen nicht geholfen hatte, versuchte ich es damit, der Vergangenheit ins Auge zu sehen.

Lassen wir die Vergangenheit ruhen, sagte mein einstiger Klassenlehrer, als ich ihn besuchte oder besser: aufsuchte.

Er unterrichtet noch immer an derselben Schule. Ergraut. Sonst ganz der alte. Das glatt zurückgekämmte Haar. Die zu kleine, nach oben weisende Nase. Die sardonischen Augenbrauen.

Ich hatte angerufen und war erstaunt, daß seine Stimme klang, als wäre er ein Mensch, auch bloß ein Mensch, ein ganz normaler. Von dem, was ich in Erinnerung hatte, war dieser Stimme nichts anzuhören.

Im Treppenhaus roch es nach Putzmittel. Ich sah ihn in der nur einen Spaltbreit geöffneten Tür, sah die ausgestreckte Hand, und einen Moment lang war es wie einst.

Dann merkte ich, daß sich etwas geändert hatte.

Da war kein Finger mehr, der höhnisch auf mich wies. Nur die Frage, ob ich den Weg gut gefunden hätte, und keine Andeutung über meine Nase.

Seine unsichtbare Ehefrau hatte den Kaffeetisch gedeckt. Er saß mir gegenüber in Weste und Pantoffeln.

Das Kaffeegeschirr auf seinem Tisch hatte ich noch bei keinem anderen Menschen gesehen. Außer bei mir. Aus diesen Tassen trank ich seit Jahren meinen Frühstückskaffee, von diesen Tellern aß ich mein Brot. Es wollte mir nicht in den Kopf, daß ich etwas gemeinsam hatte mit diesem Schwein.

Im Zimmer gab es ein Klavier. Der Deckel war heruntergeklappt. Noten lagen keine herum. Nichts lag herum. Keine Bücher, keine Zeitungen, kein Strickzeug, nichts, was von Leben hätte zeugen können. Alles war ordentlich und sauber. Das schweigsame Klavier auf Hochglanz poliert.

Ich fragte, wo er geboren sei.

In Schlesien, sagte er.

Ob er Soldat gewesen sei, fragte ich.

Weste und Pantoffeln paßten nicht zu dem Schneid, mit dem er die Nummer seines Volkssturmbataillons herunterrasselte, als hätte er vergessen, daß ich es war, die vor ihm saß, seine ehemalige Schülerin, ein übriggebliebener Volksschädling, den unschädlich zu machen er sich alle Mühe gegeben hatte und der ihn jetzt aufsuchte, in der Hoffnung auf Befreiung. Es war eine lange Nummer, sie kam wie aus der Pistole geschossen, fast ein halbes Jahrhundert, nachdem er zum letzten Mal strammgestanden hatte.

Lassen wir die Vergangenheit ruhen, zitierte er seinen einstigen Lehrer. Wir müssen jetzt den Blick nach vorn richten.

Ob er seinen Schülern immer noch erzähle, Hitler habe die Autobahnen gebaut, fragte ich.

Er drohte, das Gespräch abzubrechen.

Wir schwiegen. Ich sah aus dem Fenster. Auf dem Balkon hing Wäsche. Mein ehemaliger Lehrer wippte mit dem Fuß.

Ich gab nicht auf. Es war aber nichts zu machen.

...muß Sie leider bitten, zu gehen.

Ich reichte ihm den Bleistift, den er mir geliehen hatte. Nach dem Kaffeetrinken hatte ich in meiner Tasche gekramt und nichts zum Schreiben gefunden. Stück für Stück hatte ich den Inhalt der Tasche ausgepackt und trotzdem keinen Bleistift gefunden. Mit Portemonnaie, Lippenstift und Puderdose auf dem Schoß war ich mir seltsam nackt vorgekommen.

Er half mir in den Mantel und wünschte mir einen guten Heimweg.

Auf der Rückfahrt hatte ich das Gefühl, sehr weit weg gewesen zu sein. Ich kam in meine Wohnung und wunderte mich, daß ich ein Zuhause habe. Ich erkannte meine Möbel wieder wie etwas, von dem man schon vergessen hat, daß man es besitzt.

Es war keine Befreiung. Er war stärker als ich. Für ihn ruht die Vergangenheit. Er sah so aus, als ob er gut schläft. Sie schlafen alle gut. Sie haben nichts zu fürchten. Auch das scheint normal zu sein.

Wortschatz

die Amtsstube	office	das Hirn	brain
bemüht	anxious, making an effort	etw nachholen	to make up for something
die Buchhaltung	accounting	nachplappern	to parrot
sich empören	to be furious	der Rechtfertiger	one who justifies
entleert	evacuated, empty of	etw rückgängig machen	to reverse something
entsetzen	to horrify, appall	rückwirkend	retroactive
der Eigensinn	stubbornness, self-will	der Säugling	infant
		säuisch	piggish
das Erbteil	inheritance	den Spieß umdrehen	to turn the tables
geachtet	respected, respectable	stellvertretend	in the place of, representing
die Getretenen	the ones who have been treaded/stepped on	unauffällig	inconspicuous, unobtrusive
		untertauchen	to submerge, go into hiding
haften an	to cling to	verbergen	to hide, conceal
die Heftigkeit	ferocity	vergasen	to gas

Ronnith Neumann

Der Hut

1. What do you think is the symbolism of the hat?
2. How effective is the style of the story?
3. Is this story one of hope or its negation?

Nr. A 154 860: Es ist schon der vierte Hut, aber dieser steht Ihnen wirklich ausgezeichnet. Sehen Sie nur…

Nr. A 183 781: Er ist ganz allerliebst. Ach, ich liebe Hüte! Ich habe sie immer geliebt. Ich hatte einen ganzen Schrank voll mit Hüten. Können Sie sich das vorstellen?

Nr. A 154 860: Nehmen Sie den Spiegel doch einmal selbst in die Hand.

Nr. A 183 781: Ich möchte mich nur nicht schneiden. Stellen Sie sich vor, einen ganzen Schrank voller Hüte! Ist das nicht wunderbar?

Nr. A 154 860: Vorsichtig, ganz vorsichtig…so…halten Sie den Spiegel so… – Nein, dieser ist wirklich noch viel kleidsamer und wirkungsvoller als der vorige.

Nr. A 183 781: Und der war schon so schön! Sie haben mich alle beneidet.

Nr. A 154 860: Bei Ihrem Hutgesicht ist das auch kein Wunder. Es macht wirklich Spaß, Hüte für Sie zu machen.

Nr. A 183 781: Früher…ich meine, als mein Gesicht…mein Haar…Ich meine, ich hatte wunderschöne Hüte.

Nr. A 154 860: Denken Sie nicht daran.

Nr. A 183 781: Glauben Sie an früher?

Nr. A 154 860: Ich *denke* nicht daran.

Nr. A 183 781: Ich muß immerzu daran denken. Mein Mann…wissen Sie…wie soll ich sagen…er war so stolz auf mich…

Nr. A 154 860: *Denken* Sie nicht an früher.

Nr. A 183 781: Ich trug langes, seidiges Haar unter meinen Hüten. Es war dunkel und gewellt. Ich trug es immer nach der Mode. Wir hatten viel Besuch. Unser Haus war immer voller Gäste, und alle bewunderten sie mein Haar, und sie bewunderten meine Hüte. Die hatte mein Mann besorgt. All die Hüte, die hatte er besorgt.

Nr. A 154 860: Sie dürfen nicht *denken*. Nicht an früher.

Nr. A 183 781: Er hat mir jeden einzelnen Hut geschenkt. Zu jedem Fest einen neuen Hut. Er hat die Hüte selbst ausgesucht. Jeden einzelnen Hut selbst ausgesucht. Das ließ er sich nicht nehmen. – Sie haben die Hüte auf die Straße geworfen.

Nr. A 154 860: Einmal kommt der Tag...

Nr. A 183 781: Sie haben mit ihren Stiefeln auf ihnen herumgetrampelt. Er hat es vom Fenster aus gesehen. Ganz platt lagen sie im Schlamm. Alles voller Schlamm und Dreck.

Nr. A 154 860: Es steht geschrieben, einmal kommt...

Nr. A 183 781: Er hat geweint. Er hat am Fenster gestanden und um ein paar Hüte geweint. Können Sie sich das vorstellen? Er hat um die lausigen Hüte geweint! Ein erwachsener Mann! Haben Sie je etwas so Verdammtes erlebt? Haben Sie?

Nr. A 154 860: Es steht...

Nr. A 183 781: Sie haben nicht. Schon gut. – Es hat mich bis ins Innerste gerührt. So verdammt gerührt, daß ich es nicht einmal sagen kann.

Nr. A 154 860: Einmal kommt der Tag, da wird er...

Nr. A 183 781: Wissen Sie es nicht? Er ist gegangen. Gleich am ersten Tag, als wir hier ankamen.

Nr. A 154 860: Das wußte ich nicht.

Nr. A 183 781: Seine Verletzung von 1917. Beinschuß. Das Eiserne Kreuz[1] haben sie ihm dafür gegeben. Er hinkte. Er hat sich so bemüht, aber sie merkten es doch.

Nr. A 154 860: Sie dürfen nicht denken.

Nr. A 183 781: Sie haben ihn auf die falsche Seite geschickt. Einfach so...sst...

Nr. A 154 860: *Denken* Sie nicht.

Nr. A 183 781: Gescheucht haben sie ihn, wie man eine streunende Katze scheucht.

Nr. A 154 860: Betrachten Sie sich im Spiegel. In ihm liegt unsere Zukunft.

Nr. A 183 781: Ich will diese Zukunft nicht ohne den Mann!

Nr. A 154 860: Wir müssen die Zukunft nehmen, so wie sie ist. Die Zukunft ist ein Geschenk. Sie ist eine Perle, die uns geschenkt werden kann.

Nr. A 183 781: Hinter mir sehe ich Rauchsäulen aufsteigen. Im Spiegel steigen Rauchsäulen auf. Ich sehe meinen Mann. Er steht auf der

---

1 **Das Eiserne Kreuz**   prestigious German military award

falschen Seite. Er steht in den Rauchsäulen. Ist das die Zukunft? Ist das das Geschenk, die Perle?

Nr. A 154 860: Betrachten Sie sich. Betrachten Sie Ihren neuen Hut. Ist er nicht hübsch?

Nr. A 183 781: Mein Mann kann ihn nicht sehen. Er steht auf der falschen Seite.

Nr. A 154 860: Er ist der hübscheste Hut, der mir je gelungen ist. Er ist ein Geschenk für Sie.

Nr. A 183 781: Mein Mann kann ihn nicht sehen.

Nr. A 154 860: Ich freue mich über den Hut.

Nr. A 183 781: Mein Mann kann ihn nicht sehen.

Nr. A 154 860: Ich habe ihn extra für Sie gemacht. Für Ihr hübsches Hutgesicht. Er ist ein Geschenk der Zukunft.

Nr. A 183 781: Ich habe keine Haare. Ich bin kahl. Es ist ein Geschenk, daß mein Mann es nicht sehen kann. Ich habe Angst.

Nr. A 154 860: Haare wachsen wieder.

Nr. A 183 781: Und die Angst? Wohin soll ich mit meiner Angst?

Nr. A 154 860: Sehen Sie in den Spiegel. Sehen Sie in die Zukunft. Sehen Sie, wie Ihre Haare wachsen.

Nr. A 183 781: Ich sehe nur meine Angst. Die wächst.

Nr. A 154 860: Sehen Sie in den Spiegel. Im Spiegel liegt Ihre Zukunft.

Nr. A 183 781: Ich sehe Rauch. Die Rauchsäulen steigen auf. Ich sehe Angst. Die Angst wächst. Im Spiegel sehe ich Rauchsäulen und Angst.

Nr. A 154 860: Sehen Sie den Hut auf Ihrem Kopf. Der Hut ist die Perle Ihrer Zukunft.

Nr. A 183 781: Die Angst ist die Perle der Zukunft.

Nr. A 154 860: Sehen Sie doch den Hut! – Ist er nicht hübsch?

Nr. A 183 781: Ja, er ist hübsch! – Aber die Angst steht hinter mir! Mein Mann steht auf der falschen Seite!

Nr. A 154 860: Sehen Sie nicht hinter sich.

Nr. A 183 781: Aber dort steht die Angst. Dort steht mein Mann. Dort steht die Zukunft. Dort steht *meine* Zukunft: der Mann auf der falschen Seite, die Angst hinter mir.

Nr. A 154 860: Der Mann bewundert Ihren Hut.

Nr. A 183 781: Er steht auf der falschen Seite.

Nr. A 154 860: Er bewundert Ihren Hut.

Nr. A 183 781: Er steht falsch!

Nr. A 154 860: Er bewundert den Hut. – Ist das nicht verständlich?

Nr. A 183 781: Ja, er steht hinter mir und bewundert den Hut. Ich verstehe. Vielleicht, Ich beginne…

Nr. A 154 860: Sehen Sie, das ist die Zukunft.

Nr. A 183 781: Ja, ich sehe. Ich verstehe. Sie haben recht, der Mann bewundert den Hut. Er steht hinter mir, er steht neben der Angst und bewundert den Hut, und hinter beiden, weit fort, steigen Rauchsäulen empor.

Nr. A 154 860: Das ist die Zukunft.

Nr. A 183 781: Die Zukunft…

Nr. A 154 860: Ihre Zukunft.

Nr. A 183 781: Meine Zukunft…

Nr. A 154 860: Unsere Zukunft.

Nr. A 183 781: Unsere Zukunft.

Nr. A 154 860: Verstehen Sie jetzt?

Nr. A 183 781: Ich verstehe jetzt. Ich will jetzt verstehen.

Nr. A 154 860: Ist der Hut nicht hübsch?

Nr. A 183 781: Ja, er ist wirklich hübsch.

Nr. A 154 860: Ist er mir nicht gut gelungen?

Nr. A 183 781: Er ist wirklich sehr hübsch. Alle werden ihn bewundern. Sie werden mich beneiden…

Am Nachmittag des 14. Juli 1943 wurde die Baracke 157c aufgelöst und für den Abtransport in die Gaskammer bereitgestellt. Die Frauen waren wie üblich nackt und kahlgeschoren. Als wir sie später ins Krematorium hinüberschafften, sah ich, daß eine von ihnen ein eigenartiges Gebilde aus Papier und Stoffetzen auf dem Kopf trug. In den Händen hielt sie eine zerkratzte, blinde Spiegelscherbe, an der sie sich offenbar leicht geschnitten hatte. Ich wunderte mich noch, daß man sie so zur Vergasung hatte gehen lassen, mit dem Ding auf dem Kopf und die Scherbe in der Hand. Wahrscheinlich hatten sie wie üblich ihren Spaß daran gehabt.

(Aus der Zeugenaussage von Frau Irma Winkler, geb. Meierthal; ehemaliger Ordnungsdienst im KZ Auschwitz / Polen; Häftlings- Nr. A 277938)

Wortschatz

beneiden	to envy	**scheuchen**	to shoo
das Gebilde	thing, creation	**der Schlamm**	mud, sludge
Häftling	prisoner	**seidig**	silky
kahl	bald, shorn	**der Stoffetzen**	scrap of cloth
kleidsam	becoming	**üblich**	usual, normal
die Rauchsäule	column or pillar of smoke		

Barbara Honigmann

Das doppelte Grab

1. How does the story mediate between the past and the present? Is there continuity between the two?

2. In what way does Honigmann address the dead in this story?

3. What do you think Honigmann's reference to a 'doppeltes Grab' is supposed to mean?

Wir standen mit Gerschom Scholem am Grab seiner Eltern und seiner Brüder auf dem Jüdischen Friedhof in Berlin-Weißensee. Es war kalt, es war Dezember. Gerschom Scholem und Fania, seine Frau, hatten leichte Mäntel an, sie waren gerade aus Jerusalem gekommen. Scholem hätte eigentlich wissen müssen, wie kalt es im Dezember in Berlin ist, er hat ja lange genug hier gelebt, war hier geboren und aufgewachsen. Aber wahrscheinlich war das schon zu lange her. Es war 1923, als er wegging, weil er glaubte, daß er nichts mehr verloren habe in Deutschland.

Wir räumten das Grab frei von altem Laub und den Zweigen, Ästen und halben Bäumen und von dem maßlosen Efeu, das über alle Gräber klettert, von einem zum anderen, von Grab zu Baum und von Baum wieder zu Grab, und sich alles nimmt und alles verschlingt, bis die ganze steinerne Ordnung wieder zu einem Wald verwächst und nicht nur der Körper der Toten, sondern auch dieses ganze Werk der Erinnerung an ihn wieder zu Erde wird. »Da braucht man eine Axt, wenn man das Grab eines Vorfahren besuchen will, um sich einen Weg durch die angewachsene Zeit zu schlagen«, sagte Scholem.

Auf dem Grabstein stand:

Arthur Scholem

GEB. 1863 IN Berlin GEST. 1925 IN Berlin

Betty Scholem, GEB. Hirsch

GEB. 1866 IN Berlin GEST. 1946 IN Sydney

Werner Scholem

GEB. 1895 IN Berlin

ERSCHOSSEN 1942 IN Buchenwald

ERICH SCHOLEM

GEB. 1893 IN BERLIN   GEST. 1965 IN SYDNEY

Scholem erzählte von seinem Vater, von seiner Mutter, von seinen beiden Brüdern, dem, der Kommunist geworden und in Buchenwald[1] umgebracht worden war, und Erich, der nach Australien ausgewandert war. Er stellte sie uns alle vor, einen nach dem anderen. Und dann blieben wir eine kleine Weile stumm, für die Zeit vielleicht, in der man hätte »Guten Tag« sagen und sich die Hand geben können. Scholem sprach ein kurzes Gebet. Er sprach es ganz leise, er flüsterte bloß.

Nahe dem Eingang, auf dem Wege zu dem Grab, gab es eine Baustelle, man konnte zwar nicht erkennen, was gebaut wurde, und alles sah aus wie immer, trotzdem war ein großes Stück des Weges abgesperrt mit einem Seil, daran ein Fähnchen, darauf die Aufschrift: »Achtung Baustelle«. Fania Scholem nahm das Seil samt Fähnchen ab, ganz einfach, nur so, wie man die Klinke der Tür drückt, durch die man geht, und lief quer über die markierte Baustelle, und Gerschom Scholem rief ihr nach: »Siehst du nicht, daß der Weg gesperrt ist?« Aber Fania antwortete: »Ich lasse mich doch nicht von einem Strick abhalten, meinen Weg zu gehen! Siehst du nicht, daß da gar nichts zu sehen ist?« Scholem schüttelte den Kopf, aber folgte ihr doch auf dem verbotenen Weg über die unsichtbare Baustelle, nicht ohne am Ende das Seil hinter sich wieder einzuhängen.

Vor dem Tor des Friedhofs wartete ein schwarzer Mercedes mit Chauffeur auf Gerschom Scholem und Fania, der war ihnen nämlich von der Ständigen Vertretung der Bundesrepublik[2] Deutschland in der DDR, die Scholem eingeladen hatte, also von Bölling, oder vielleicht war es auch noch Gaus, für diesen Tag zur Verfügung gestellt worden.

Wir fuhren zur Schönhauser Allee. Scholem wollte sich eine schweinslederne Aktentasche kaufen, so eine, wie er sie früher in Berlin immer gehabt hatte.

In Jerusalem gibt es so etwas nicht, und er hatte diese Aktentasche damals so geliebt und sich später immer wieder eine gewünscht, aber nie mehr bekommen. Deshalb wollte er sich jetzt in Berlin eine kaufen.

Scholem und Fania, seine Frau, betraten den Laden schon durch die falsche Tür und wurden wieder zurückgeschickt, um noch einmal durch die richtige Tür, auf der »Eingang« geschrieben steht, hereinzukommen.

---

1   **Buchenwald**   concentration camp near Weimar, East Germany (see map)
2   **Ständige Vertretung der Bundesrepublik Deutschland**   permanent mission ("unofficial") embassy in West Berlin, then the GDR

Dann versäumten sie in dem Selbstbedienungsladen an der bestimmten Stelle einen Einkaufskorb zu nehmen, und wurden wieder gerügt. Sie bemerkten es aber gar nicht, weil sie sich laut unterhielten, und darüber ärgerten sich die Verkäuferinnen wohl auch und zeigten nur widerwillig einige Taschen vor. Fania wurde wütend über die Unfreundlichkeit und ständige Zurechtweisung, aber Scholem bat sie, sich zurückzuhalten. Zum guten Schluß kauften sie eine Aktentasche und waren sehr froh, weil es ein so alter Wunsch gewesen war und jetzt, nach so langer Zeit, endlich erfüllt.

Fania Scholem sprach deutsch. Aber woher konnte sie es? Ihre Muttersprache ist Hebräisch, später sprach sie polnisch, jiddisch, russisch, und dann als Fremdsprachen Englisch und Französisch, aber kein Deutsch. Also woher konnte sie es jetzt? »Sie hat es im Zusammenleben mit mir irgendwie eingeatmet«, sagte Scholem.

Dann saß Scholem bei uns zu Hause im Schaukelstuhl. Er hatte bei der Tante Eva in Jerusalem schon alle unsere Briefe gelesen, und er sagte, ich solle nicht in die Küche gehen und keinen Kaffee kochen, weil man dann nur kostbare Zeit des Gespräches verlieren würde. Er fragte und erzählte, und wir fragten und erzählten.

Was hat er nicht alles erzählt, tausend Begebenheiten aus deutscher und jüdischer und deutschjüdischer, alter, neuer und altneuer Geschichte. Von den Franckisten, der jüdisch-messianischen Sekte in Polen, deren Anhänger später alle zum Katholizismus übergetreten sind; über die hatte er gerade gearbeitet. Und von Walter Benjamins[3] Freund Noeggerath aus Berlin, über den er jetzt hier noch etwas herauszufinden hoffte. Dann schimpfte er auf den Lubawitscher Rebben, dem habe er die Fälschung eines angeblich historischen Briefes nachgewiesen, und so etwas rege ihn als Historiker maßlos auf. Und vom Gesamtarchiv der Juden erzählte er noch, das sich heute im Staatsarchiv der DDR in Merseburg befindet, und wie er zum erstenmal dort war und es mit eigenen Augen gesehen hat, und von der Bibliothek der Jüdischen Gemeinde in Berlin, der ehemals riesigen Bibliothek in der Oranienburger Straße 68. Und wir sagten, da ist sie heute wieder, nur ist sie nicht mehr riesig, sondern winzig klein, aber in derselben Straße, in demselben Haus. Dort habe er die ersten Bücher jüdischen Wissens ausgeliehen, sagte Scholem, und wir sagten: wir auch. Und damit habe eigentlich alles angefangen, und wir sagten: bei uns auch.

---

3 **Walter Benjamin** (1892-1940) German Jewish philosopher and literary critic

Und dann erzählte uns Scholem vom Schicksal dieser Bibliothek. Nach dem Krieg nämlich war er im Auftrag des israelischen Staates nach Berlin gekommen, um dieser Bibliothek nachzuforschen und sie, wenn möglich, herüberzubringen. Jüdische Bücher sind von den Nazis nicht vernichtet worden, im Gegenteil, sie wurden gesammelt und katalogisiert von zehn eigens dafür angestellten jüdischen Gelehrten (von ihnen haben nur die beiden, die mit deutschen Frauen verheiratet waren, überlebt). Später wurde die ganze Sammlung nach Prag ausgelagert, weil die Nazis davon ausgingen, daß diese Stadt nicht bombardiert werden würde, und nach dem Krieg, also nach dem Sieg, sollten die zusammengetragenen Bücher wohl den Triumph über die Juden demonstrieren, so wie einst die Tempelschätze des zerstörten Jerusalem in Rom. Die Regierung der Tschechoslowakei, die nach dem Krieg die Sammlung in Prag vorfand, hat sie als ihr Eigentum betrachtet und in aller Welt zum Verkauf angeboten. So sind die Bücher überallhin verstreut worden, kein Mensch weiß wohin, hier und da kann man eines oder ein anderes in einer Bibliothek oder einem Antiquariat in irgendeiner Stadt der Welt wiederfinden. Ein paar von ihnen hat Scholem auf seinen Reisen in allen möglichen Städten und Ländern wiedergefunden und wiedergekauft, die stehen jetzt bei ihm zu Hause. Es sollen auch 500 sehr wertvolle hebräische Handschriften darunter gewesen sein, von denen Scholem zwei in Warschau wiederentdeckt hat. »Es ist den Büchern nicht besser ergangen als den Menschen«, sagte Scholem. Über seine Nachforschungen hat er einen Bericht verfaßt, den er aber nie veröffentlicht hat.

Später saßen wir im Hotel »Berolina«, dort wollten wir Scholem und Fania, seine Frau, zum Essen einladen, und nachdem er noch erzählt hatte, wie die Franckisten[4] nach ihrem Übertritt zum Katholizismus in den polnischen Adel eingeheiratet und den also vollkommen »verjudet« haben, und darüber gelacht hatte, sagte Scholem zu mir und Peter, meinem Mann: »Es heißt: Wandere aus in ein Land der Thorakenntnis (…und sprich nicht, daß sie zu dir komme, denn nur, wenn du Gefährten hast, wird sie sich dir erhalten. Sprüche der Väter 4, 18). Jerusalem wäre gut, New York wäre gut, London wäre gut, sonstwo wäre gut, aber Deutschland ist nicht mehr gut für Juden. Hier kann man nichts mehr lernen, also hat es keinen Sinn zu bleiben, es ist viel zu schwer. Wie das gehen soll, daß ihr dahinkommt, weiß ich nicht, aber ich werde es mir überlegen.«

---

4   **die Franckisten**   A Jewish heretical mystical anti-Talmudic sect founded by Jacob Frank, born Yakov ben Judah Leib Frankovich (1726-91)

Sie lehnten es beide ab, Fleisch zu essen, sie lebten zwar nicht strikt koscher zu Hause, sagten sie, aber hier in Berlin wollten sie doch lieber kein Fleisch nehmen. Fisch gab es aber nicht in dem Interhotel,[5] und da konnten wir sie nur zu einem Eiersalat einladen, der auch schon halb vertrocknet war. Scholem und Fania redeten laut und lachten laut, und ich spürte die mißbilligenden Blicke von allen Seiten auf dieses ungenierte alte Paar.

Vor dem Hotel wartete der Chauffeur von der Ständigen Vertretung, und da stiegen sie dann schließlich ein, und wir standen noch eine kleine Weile vor den offenen Wagentüren und sagten, was es für ein schöner Tag gewesen sei, und Scholem zeigte nochmal auf die schweinslederne Aktentasche und sagte, das sei ein großer Erfolg für ihn gewesen, und dann: »Auf Wiedersehen. Na, ob wir uns wiedersehen...«

Am nächsten Tag rannten wir in die Bibliothek in der Oranienburger Straße und holten uns alle Bücher von Scholem nach Hause. Sie standen auch dort tatsächlich, worüber er sich schon vorher bei uns beschwert hatte, neben denen vom »deutschnationalen« Schoeps,[6] dem er sich doch so fern fühlte.

Bald bekamen wir auch Post von Scholem, er schickte uns sein Buch über die Franckisten, das nun gerade erschienen war, und bat uns, es der Bibliothek der Jüdischen Gemeinde in seinem Namen zu schenken, wenn wir es gelesen hätten, und das haben wir auch getan.

Wenige Wochen später rief mich meine Freundin an und sagte, sie habe »was Blödes« im Radio gehört. Ich verstand nicht, was sie mir mitteilen wollte, aber da sagte sie schon, daß Gerschom Scholem heute in Jerusalem gestorben sei und morgen sei das Begräbnis. Das war am 21. Februar 1982.

Er war 84 Jahre alt, als er starb. Aber für mich war er gerade auf die Welt gekommen. Jahre und Jahre war Gerschom Scholem nur Schrift gewesen. Schrift seines Namens auf Titeln von Büchern und über Zeitschriftenartikeln, Schrift in der Folge eines kleinen Sternchens im Text, beim Nachschlagen hinten im Buch, einer Anmerkung. Oder manchmal, wenn er von dem oder jenem erwähnt wurde, der Klang seines Namens, dieses seltsamen Namens.

Dieser Name war nun als Mensch erschienen, als wahre Wirklichkeit, laut redend, berlinernd,[7] ein langer Lulatsch mit abstehenden Ohren, die

---

5 **Interhotel**   East German hotels established for Western visitors paying with Western currency
6 **Julius Schoeps**   German Jewish historian; professor at University of Potsdam (formerly East Germany)
7 **berlinernd**   with regional intonation

ganze Mystik in unserem Schaukelstuhl. Er hatte die Reise seines Lebens noch einmal zurückgelegt, noch einmal Berlin—Jerusalem retour, und er hatte einen zu leichten Mantel angehabt.

Es ist kalt, es ist Dezember, drei Jahre später. Ich sitze im »»Petit Café« auf der Avenue du Général de Gaulle. Es ist also nicht New York und nicht London, aber Frankreich, da sitze ich und denke an Scholem in Berlin. Das Café ist leer, nur am Nebentisch sitzen die drei Araber, die immer da sitzen und die ich schon ganz gut kenne, weil wir uns ein paarmal unterhalten haben, und die sehr freundlich sind, obwohl ich ihnen gleich erklärt habe, daß ich »israélite« bin. Sie haben nur nicht verstanden, warum ich dann kein Hebräisch spreche (es ist doch auch dem Arabischen so ähnlich), so habe ich noch erklären müssen, daß meine Muttersprache Deutsch ist und daß ich aus Deutschland komme und nun hier lebe, weil es in Deutschland so gut wie keine »israélites« mehr gibt, und da fragten sie: Warum denn nicht?

Nach Scholems Tod, bald danach, bin ich noch einmal auf den Friedhof nach Weißensee gegangen, an das Grab seiner Eltern und seiner Brüder. Ich wollte irgendeine Handlung der Erinnerung vollziehen, und ich nahm denselben Weg, den wir gegangen waren, hängte das Seil mit dem »Achtung Baustelle«-Fähnchen ab und lief quer über den abgesperrten Weg, so wie wir es damals getan hatten. Dann stand ich wieder vor dem Grab, und da sah ich, unter all den Namen seiner Familie steht nun auch der seine. Da steht:

GERHARD G. SCHOLEM

GEB. 1897 IN BERLIN   GEST. 1982 IN JERUSALEM

Die meisten Menschen haben nur ein Grab. Gerschom Scholem hat zwei. Eines in Jerusalem und eines in Berlin. Er hatte wohl auch zeit seines Lebens in beiden Städten gelebt. Deshalb hat er ein doppeltes Grab. So ein Leben war das eben.

Wortschatz

die Aktentasche	briefcase	**das Seil/der Strick**	rope
die Anhänger	devotees	**ungeniert**	nonchalant
der Auftrag	charge, order	**etw verloren haben**	to not have
die Begebenheit	occurrence, event		anything to do
flüstern	to whisper		with
das Laub	foliage	**vernichtet**	destroyed
mißbilligend	disapproving	**verschlingen**	to devour
rügen	to admonish	**der Vorfahre**	ancestor

MATTHIAS HERMANN

1. Which poem suggests more affectively the notion of inherited memory?
2. What is the difference in tone among the three poems?
3. What is the symbolic relevance to the wall in "Jüdische Friedhofsmauer"?

Rabbi Löw der Lügner

Mich machte erfinderisch
Die unerhörte Not,
Dies versteinerte Flehn
Gen Zion
Auf dem Judenacker[1]
Zu Prag.

Mit 72 Buchstäbchen[2]
Erweckte ich ein Märchen
Gewaltiger Macht.

Lieber mit einer kleinen
Lüge leben
Als mit einer einzig
Großen nicht.

Pflastersteine

KORREKTORAT
Wer tagtäglich Wörter
Korrigiert,
Korrigiert auch
Menschen
Und triumphiert:
Am Ende
Alles dudenrein![3]

IM BORDELL
Der Geschichte
Ermächtigt,
Die Zeit
Zu wenden nach
Belieben.

FORTSCHRITT
Seit 1945 sind
Wenigstens
Vergaste Juden
Gute Juden.

---

1   **der Judenacker**   Here the author is combining words for poetic effect. *Acker* means field.
2   **72 Buchstäbchen**   refers to the kabbalistic notion that there are 72 names of God
3   **dudenrein**   Duden refers to a standard German grammar book; rein is "clean," i.e., fit for a grammar; also a play on words of the Nazi slogan: *Judenrein* –free of Jews.

Jüdische Friedhofsmauer

Wen vor wem
Schützt sie,
Tote…
Oder umgekehrt?

Niemandes Schutz.
Nur ein Anhaltspunkt
Für den eigenen Standort,
Der, besonders bei Pogromlicht[4] besehn,
Immer ein Steinchen[5] ist
Inmitten der Mauer.

Wortschatz

der Anhaltspunkt	clue	der Standort	location
das Bordell	brothel	umgekehrt	the other way
erfinderisch	inventive		around
das Fleh(e)n	entreaty, begging		
gen	=*gegen*; here: toward		

4   **Pogrom**   a violent attack against Jews, usually by a mob, resulting in many deaths, rapes, and destruction of property
5   **Steinchen**   Here the word refers to the Jewish tradition of placing small stones on the grave stones of dead relatives.

ROBERT MENASSE

Die Geschichte ist kurz und ewig
Ein Romanprojekt

[handwritten: "bleibt ewig möglich" (151)]

[handwritten: Es ist nur ein Name — der Mensch ist immer ein Mensch]

1. What significance might there be to the many names of the child at the beginning of the story?

2. How does Menasse mediate between the Spanish Inquisition, the Shoah and the present day?

3. To what 'Geschichte' is Menasse referring in the title of this story?

[handwritten: eine künstliche ewige Botschaft]

[handwritten: nicht von Immanuel ↓ sondern Samuel]

Das Kind hat viele Namen.
Manoel Dias Soeiro – ein ehrwürdiger portugiesischer Name. Manoel, wie jener portugiesische König, der auf besonders grausame Weise die Juden verfolgt und zur Taufe *[handwritten: baptism]* gezwungen hatte. Der beliebteste männliche Vorname bei den alten christlichen Familien des Landes. Ein Kind geheimer jüdischer Herkunft offiziell auf diesen Namen zu taufen, war ein fast überdeutliches Zeichen der Anpassung, *[handwritten: assimilation]* vielleicht auch der Versuch, die Gefahr im Namen der Gefahr zu bannen. Gleichzeitig versteckte sich in oder hinter diesem Tarnnamen ein alter jüdischer Name, der eigentliche, der wirklich gemeinte, der nur im engsten Familienkreis ausgesprochen wurde: Nicht Immanuel, von dem sich Manoel ableitete, von dem er sich aber bereits als eigenständiger christlicher Name völlig emanzipiert hatte, sondern – Samuel, der alttestamentarische letzte Richter Israels, der Seher und Prophet. So leise, so flüchtig gerufen, daß ein zufälliger Ohrenzeuge, oft sogar das Kind selbst, wieder nur Moel, ein schlampig *[handwritten: carelessly]* ausgesprochenes Manoel auffassen konnte.
Das Kind hat viele Namen, nicht nur den der Vernichtung *[handwritten: annihilation]* und den der erhofften Erlösung. *[handwritten: deliverance]* Sie verschmelzen in den Liebkosungen der Eltern und im Spiel mit anderen Kindern zu Mané, ein doppelbödiger Rufname, denn Mané bedeutet im umgangssprachlichen Portugiesisch auch soviel wie Dummerchen, naiver Mensch – welches Kind ist das nicht? Aber kann ein Kind es sein unter der doppelten Bürde seines öffentlichen und seines geheimen Namens?

Das Kind hat viele Namen. In Mané schwingt auch schon der Name mit, den dieses Kind später erhalten sollte, in Amsterdam, in der Freiheit, als die geflüchteten Marranen[1] ihre Tarnnamen ablegen und durch offen jüdische Namen ersetzen konnten: Manasseh oder Menasse.

Unter diesem Namen wurde er schließlich berühmt, als Schriftsteller und Intellektueller, als Rabbiner und Diplomat.

So gut der öffentliche Klang dieses Namens auch werden sollte, als Name eines freien und erfolgreichen Mannes, ein Name, der nichts anderes mehr bedeuten mußte als das, wofür der Träger dieses Namens einstehen konnte – in seinem Innersten sollten ewig Manoel, Samuel und Mané nachhallen, als Echo aus längst vergangener Zeit, aber auch als Echo noch des Rufs, den er sich erst erwarb. Manoel, der Angepaßte, Samuel, der Seher, und Mané, der Naive.

Die Geschichte ist kurz, schrieb der Rabbi: *Wir glauben einen Staffelstab übernommen zu haben und ihn ins Ziel tragen zu können. In Wahrheit laufen wir im Kreis und oft auch zurück, um diesen Stab, der schon verloren war, erst wieder aufzunehmen. Wir wollen, daß keine Bedeutung mehr hat, was gewesen, was aus und vorbei scheint, halten für verklingende Echos, was da noch dröhnt. In Wahrheit laufen wir schreiend dorthin, wo geschrien wurde.*

In einer Abhandlung über die verschiedenen Möglichkeiten, das Leben eines Menschen zu betrachten, fügte der Rabbi einen autobiographischen Exkurs ein, den er dann zwar wieder strich, der aber bis heute erhalten geblieben ist. Dieser autobiographische Text beginnt mit den Worten: *Das Kind hat viele Namen.* Erzählt wird eine Begebenheit, die sich auf der Flucht von der iberischen Halbinsel, aber noch vor der Ankunft in Amsterdam zugetragen haben mußte. Die Flucht war geglückt, aber man war noch nicht angekommen. Wo genau das Folgende sich zugetragen hat, wird nicht erwähnt. Nur soviel: Da war ein großer stiller See, und es wurde Nacht. Die Familie ließ sich am Ufer nieder. Der Rabbi schrieb, daß er am Beginn dieses Erlebnisses ein Kind war, danach ein Mann. Dazwischen lagen wenige Minuten, vielleicht eine viertel Stunde, auf jeden Fall ein Moment der Ewigkeit. Der Vater betete. Als seine letzten Worte verhallt waren, meinte das Kind ein Echo zu hören. Wie war das möglich? Wie konnte es hier, vor einer spiegelblanken Wasserfläche, ein Echo geben? Vielleicht existierte es nur in seinem Kopf, vielleicht aber war es ein Naturwunder. Das Kind machte die Eltern darauf aufmerksam. Es war augenblicklich erregt und begierig, es auszuprobieren: Würden

---

1 **Marranen** refers to the Jews of Spain and Portugal who, during the Inquisition, converted to Christianity but were suspected of practicing Jewish traditions in secret

auch seine Worte – welche Worte? – oder auch nur ein Schrei von ihm zurückkehren, eindeutig von den anderen als Echo vernehmlich?

Er schrie. Scheu zunächst, fast krächzend, dann, nach nochmaligem Luftholen, so laut er konnte. Kein Zweifel, der Schrei kam zurück. Die anfängliche Freude darüber, ein Echo produziert zu haben, wich der Angst, schließlich einer geradezu panischen Angst: Wieso hörte dieses Echo nicht auf? Der Schrei schien vom Horizont her unausgesetzt über den See herüberzuhallen, wieso hörte er nicht auf, der Klang blieb und blieb und ging immer weiter, wie lange ging das schon so und wie lange würde das noch weitergehen? Das Echo blieb und tönte nun schon – wie lange? Minuten? Jedenfalls ein vielfaches der Zeit, die sein, wie er meinte, doch nur kurzer Schrei gedauert hatte. Hat er einen Schrei in die Welt entlassen, der nun dem See und der Landschaft gehört und nicht mehr ihm? Er ertrug es nicht mehr, der Ton schlug in Wellen gegen sein Herz, immer dumpfer, aber ohne zu versiegen, das Kind schlug die Arme hoch, preßte die Handflächen an seine Ohren, aber der Schrei wurde dadurch noch lauter und dunkler, warum gehörte ihm der Schrei nicht mehr? Hat er je ihm gehört? Wo kam er her? Wieso hörte er nicht auf? Wenn er von Zeit zu Zeit zu versiegen schien, dann nur, um sofort wieder noch kräftiger anzuschwellen. Nun war nichts mehr zu sehen. War es mittlerweile Nacht geworden, oder hatte er vor Angst die Augen geschlossen? Nun gab es nichts anderes mehr als hören ohne aufzuhören. Nie mehr würde er schreien, nie mehr sollte ein Mensch schreien – wenn nur dieses Echo aufhörte. Er schlug sich die Hände gegen die Ohren, als könnte er sich das Echo aus dem Kopf schlagen, als er plötzlich einen harten Druck auf seinem Mund spürte, eine Hand, die gegen seinen Mund gepreßt wurde. Es war die Hand seines Vaters, und er merkte, daß nicht das Echo nie aufgehört, sondern – er selbst nicht aufgehört hatte zu schreien. Die ganze Zeit hatte er geschrien, immerzu geschrien, zuckend, sich herumwerfend, er schrie noch kurz durch die Hand seines Vaters hindurch, endlich begriff er und verstummte. Die Finsternis wurde zurückgeschlagen, der schwarze Stoff des Kleides seiner Mutter, die sich aufsetzte, ihr Gesicht so weiß wie ein ferner Mond. Nun lagen sein Vater und er ineinander verschlungen und weinten. Was hatte der Vater gehört? Seine eigenen, die ungehörten Schreie in den Folterkellern der Inquisition?[2] Das ewige Echo aber hatte der Sohn produziert.

Der Rabbi vermerkte, daß er unmittelbar vor dieser Begebenheit von den Eltern noch Maná genannt worden war, danach aber nie wieder.

---

2 **Folterkeller der Inquisition** torture chambers used during the Spanish Inquisition against heretics, Jews, and all people opposing Catholic orthodoxy

Seither wurde er Menasse genannt, hatte er nach den vielen Namen erstmals den einen, der bleiben sollte. Aber das, so der Rabbi am Ende dieser Skizze, will ihm in der Erinnerung vielleicht nur so scheinen.

Rabbi Menasse ben Israel lebte vor über dreihundertfünfzig Jahren. Dennoch: Den Schrei, von dem er erzählte, kann heute jeder Zeitgenosse hören.

Immer wieder sind in Europa Grenzen gefallen. Nicht immer aber ist Europa dadurch größer geworden, nicht immer – oder genauer: – fast nie waren die daraufhin einsetzenden Menschenbewegungen Zeichen größerer Mobilität und Freiheit. Als zum Beispiel die Grenze zwischen Spanien und Portugal fiel, wurde Europa winzig klein: Es hatte damals die Größe der Stadt Amsterdam. Die Flüchtlingsströme hatten eine fixe Idee: dieses Europa. Was sie dort erwartete, war eine einigermaßen liberale Verfassung. Was sie mitbrachten, war eine eigentümliche, zutiefst europäische Erfahrung: Je bestialischer sich Menschen verhalten, desto größer wird ihr Bedürfnis nach »Korrektheit«, gewissermaßen nach Rechtsstaatlichkeit. Jedes Verhör in den Folterkellern der Inquisition wurde protokolliert, von jedem Protokoll wurde dem Opfer ein Duplikat ausgehändigt. Die Idee vom Rechtsstaat, schrieb der Rabbi in Amsterdam, ist in den Verliesen entstanden, dort aber gleich doppelt: als Sehnsucht der Opfer und als Legitimation der Täter. Uns ist dieser Gedanke nicht unbekannt, er ist Bestandteil unserer Reflexionen über die Nazi-Zeit.

Darum ist die Geschichte Europas so kompliziert: Weil *alle,* die Europa »gestalten« wollten und wollen, immer wieder *schreiend dorthin zurücklaufen, wo geschrien wurde.*

Auch als 1938 die Grenze zwischen Deutschland und Österreich fiel, wurde Europa kleiner, bald war Europa nicht mehr größer als die Schweiz und England. Zu den Zeiten des Rabbi Menasse ben Israel hatten übrigens die Juden Aufenthaltsverbot in England. Der Rabbi reiste nach London, um mit Oliver Cromwell die Wiederzulassung der Juden in England zu verhandeln. Abstrakt rechtsgeschichtlich geht die Möglichkeit meiner Familie, vor dem Nazi-Terror nach England zu flüchten, auf die diplomatische Mission dieses Rabbis zurück, der als Kind von Portugal nach Holland flüchten mußte.

Portugal und Holland oder Österreich und England und immer so weiter – heute ist Europa der *eine* Name, in dem viele Namen mitschwingen, nachhallen.

Über das Trauma seiner Familie, die Inquisition, schrieb der Rabbi: *Was einmal wirklich war, bleibt ewig möglich.* Dieser Satz taucht bei Theodor W. Adorno in seinen Reflexionen über Auschwitz wieder auf.

Nicht als Zitat, und doch: Was ist ein Satz, der kein Zitat ist, der aber wortgleich ist mit einem früher ausgerufenen? Es ist ein Echo, ein ewiges Echo, und wer dieses Echo heute nicht hört, hat seine Sinne nicht beisammen.

Es ist zugleich das Echo eines einzigen Schreis nach Freiheit, nach Angstfreiheit, Selbstbestimmtheit und unteilbarem Recht, und dieser Schrei ist ewig, weil ewig aufs neue geschrien.

Wortschatz

die Abhandlung	treatise, article	**der Rechtsstaat**	constitutional state
die Anpassung	assimilation		
das Aufenthaltsverbot		**die Rechtsstaatlichkeit**	
	non-residency status		rule of law
die Erlösung	deliverance	**schlampig**	here: carelessly
die Flüchtlingsströme		**der Staffelstab**	relay baton
	streams of refugees	**der Tarnname**	alias
		die Taufe	baptism
gestalten	to form	**das Ufer**	shore
gezwungen	forced	**das Verhör**	interrogation
die Liebkosung	caress	**das Verlies**	dungeon
nachhallen	to echo	**die Vernichtung**	annihilation

Auswahlliteratur

Behrens, Katja. *Salomo und die anderen: Jüdische Geschichten*. Frankfurt a.M.: Fischer, 1993.

_____. *Die dreizehnte Fee*. Düsseldorf: Claassen, 1983.

_____. *Die weiße Frau Erz*. Frankfurt a.M.: Suhrkamp, 1978.

Burgauer, Erica. *Zwischen Erinnerung und Verdrängung, Juden in Deutschland nach 1945*. Reinbek bei Hamburg: Rowohlt, 1993.

Diner, Dan ed. *Zivilisationsbruch. Denken nach Auschwitz*. Frankfurt am Main: Fischer, 1988.

Embacher, Helga. *Neubeginn ohne Illusion. Juden in Österreich nach 1945*. Wien: Picus Verlag, 1995.

Friedlander, Saul. *Memory, History, and the Extermination of the Jews in Europe*. Bloomington: Indiana University Press, 1993.

Gay, Ruth. *Das Undenkbare tun, Juden in Deutschland nach 1945*. München: C.H. Beck, 2001.

Hass, Aaron. *In the Shadow of the Holocaust. The Second Generation*. Ithaca: Cornell University Press, 1990.

Hermann, Matthias. *72 Buchstaben*. Frankfurt a.M.: Suhrkamp, 1989.

_____. *Der gebeugte Klang*. Tübingen: Klöpfer und Meyer, 2002.

Honigmann, Barbara. *Soharas Reise*. Berlin: Rowohlt, 1996.

_____. *Eine Liebe aus Nichts*. Berlin: Rowohlt, 1991.

_____. *Roman von einem Kind*. Darmstadt: Luchterhand, 1986.

Lorenz, Dagmar. *Keepers of the Motherland: German Texts by Jewish Women Writers*. Lincoln-London: University of Nebraska Press, 1997.

Menasse, Robert. *Selige Zeiten, brüchige Welt*. Salzburg-Vienna: Residenz, 1991.

_____. *Das Land ohne Eigenschaften. Essay zur österreichischen Identität*. Vienna: Sonderzahl, 1992.

_____. *Eklär mir Österreich. Essays zur österreichischen Geschichte*. Frankfurt a.M.: Suhrkamp, 2000.

_____. *Die Vertreibung aus der Hölle*. Frankfurt a.M.: Suhrkamp, 2001.

Neumann, Ronnith. *Heimkehr in die Fremde*. Göttingen: Bert Schlender, 1985.

_____. *Nirs Stadt*. Frankfurt a.M.: Fischer Taschenbuch, 1991.

_____. *Ein stürmischer Sonntag*. Frankfurt a.M.: Fischer Taschenbuch, 1996.

Rapaport, Lynn. *Jews in Germany after the Holocaust: Memory, Identity and Jewish German Relations*. Cambridge: Cambridge University Press, 1997.

Traverso, Enzo. *The Jews of Germany: From the 'Judeo-German Symbiosis' to the Memory of Auschwitz*. (Texts and Contexts, Vol. 14) Tr. Daniel Weissbort. Lincoln-London: University of Nebraska Press, 1995.

Nachdruckserlaubnis

III. Ererbte Erinnerung

Katja Behrens, "Alles Normal" from *Salomo und die anderen. Jüdische Geschichten*. Permission from the author.

Ronnith Neumann, "Der Hut" from *Die Tür*. Permission from the author.

Barbara Honigmann, "Das doppelte Grab" from *Roman von einem Kinde*. ©1993 Beutscher Taschenburg Verlag, München.

Mathias Hermann, "Jüdische Friedhofsmauer", "Pflastersteine", "Rebbi Löw der Lügner" from *72 Buchstaben*, Suhrkamp Verlag Frankfurt, 1989.

Robert Menasse, "Die Geschichte ist kurz und ewig" from *Die Welt scheint unverbesserlich*, Suhrkamp Verlag Frankfurt, 1997.